Antisemitismus bei Richard Wagner

Mark Nowakowski

Antisemitismus bei Richard Wagner

Versuch einer Ergründung

Bibliografische Information der Deutschen Nationalbibliothek
Die Deutsche Nationalbibliothek verzeichnet diese Publikation
in der Deutschen Nationalbibliografie; detaillierte bibliografische Daten sind im Internet über http://dnb.dnb.de abrufbar.

Umschlagabbildung:
Richard Wagner,
1861 von Pierre Petit in Paris aufgenommen,
wo Wagner sich zur Premiere seiner
Oper *Tannhäuser* aufhielt.

Über den Autor:
Mark Nowakowski, geb. 1978, Studium der Musikethnologie,
Religionswissenschaft und Kommunikationswissenschaft sowie
Energie- und Verfahrenstechnik. Promotion in Musikethnologie.
Derzeit als wissenschaftlicher Mitarbeiter
am Umweltbundesamt tätig.
mark.nowakowski@web.de

ISBN 978-3-7392-3302-4

© Mark Nowakowski 2013
2. Auflage 2016
Alle Rechte vorbehalten.

Herstellung und Verlag:
BoD – Books on Demand, Norderstedt

Inhalt

Einleitung 7
    Antisemitismus im 19. Jahrhundert 8
    Wilhelm Richard Wagner 11

Antisemitismus bei Wagner – ein Syndrom 13

Ursachen des Wagnerschen Antisemitismus 19
    Giacomo Meyerbeer 19
    Felix Mendelssohn Bartholdy 23
    ›Pars pro toto‹ bzw. ›Toto pro pars‹ 26
    Erster Parisaufenthalt 1839-42 28
    Das Junge Deutschland 30
    Revolution 1848/49 31
    Nationalistische und rassistische Ideologie 33
    Vaterkonflikt/›Vatermord‹ 35
    Jüdische Abstammung 38
    Selbsthass 41
    Selbstbild/Größenwahn 44
    Judentum als Sündenbock 47
    Verschwörungsängste/Paranoia 48
    Emanzipation/Assimilation 50
    (Kritik an der) Moderne 52
    Traditionelle Vorurteile 57
    Cosima Wagner 58

Synthese 63

Literaturverzeichnis 67

Register 71

Einleitung

Richard Wagners Hass auf die Juden zog sich spätestens ab 1850 bis zu seinem Tode 1883 durch sein ganzes Leben. Es gibt nicht nur dezidiert antijüdische Schriften aus seiner Feder, sondern es sind darüber hinaus zahlreiche einschlägige (wenn auch im Privaten gefallene) Bemerkungen Wagners in den umfangreichen Tagebuchaufzeichnungen seiner zweiten Frau Cosima enthalten.

Über Wagners Judenfeindschaft wurden reichlich und teils kontroverse Artikel und Bücher geschrieben, es gab internationale Tagungen zu dem Thema.[1] D a s s Wagner als Antisemit in Erscheinung getreten ist, ist dabei unbestritten. Diskussionen gibt es hingegen über die Bewertung seines Antisemitismus insbesondere mit Blick auf sein musiktheatralisches Werk. Auch die Gründe für das Entstehen dieser konstanten, hartnäckigen Einstellung in Wagners Leben sind Teil des Diskurses, und die verschiedenen Autoren machen eine unübersichtliche Vielzahl von Ursachen dafür aus. Im Folgenden werden die unterschiedlichen Ansätze zur Erklärung des Wagnerschen Antisemitismus sowie die einzelnen Faktoren, die dazu mutmaßlich beigetragen haben, dar- und einander gegenübergestellt und miteinander in Zusammenhang gesetzt.

Betrachtet man die Biographien verschiedener deutscher Antisemiten aus der zweiten Hälfte des 19. Jahrhunderts, so fällt dabei eine Häufung bestimmter Merkmale auf. Besonders oft waren die Beziehungen zu den Eltern gestört; ins-

---

[1] Im Festspielsommer 1998 trafen sich in Bayreuth erstmals international renommierte Wagnerforscher aus Deutschland, Israel und den USA, um über Wagners Verhältnis zum Judentum und seinen Antisemitismus zu diskutieren. Ergebnis war unter anderem der Tagungsband *Richard Wagner und die Juden*, hrsg. v. Dieter Borchmeyer u. a., Stuttgart 2000.

besondere Vaterkonflikte (z. B. bei Paul de Lagarde, Guido List oder Houston Stuart Chamberlain) und bzw. oder der frühe Verlust eines Elternteils (z. B. bei Karl Lueger, Karl Eugen Dühring oder de Lagarde) waren keine Seltenheit. Des öfteren findet sich ein stark ausgeprägtes bis übersteigertes Selbstbewusstsein, nicht selten gepaart mit mangelnder Kritikfähigkeit (etwa bei Dühring, Wilhelm Marr oder Richard Wagner) und bzw. oder persönlichen Animositäten (z. B. bei Marr und Wagner). Auch persönliche, wirtschaftliche und bzw. oder politische Misserfolge und Enttäuschungen tauchen immer wieder auf (z. B. bei Marr, Otto Glagau oder Ernst Henrici), ebenso wie Verschwörungsängste bis hin zum Verfolgungswahn (Dühring oder Wagner). Politischer Opportunismus spielte ebenfalls eine Rolle (z. B. bei Adolf Stoecker oder Lueger).

Doch auch die allgemeinen gesellschaftlichen, politischen und wirtschaftlichen Ereignisse dieser Zeit begünstigten die Entstehung eines neuen Antisemitismus, der sich von den althergebrachten Ressentiments gegenüber Juden unterschied.

Antisemitismus im 19. Jahrhundert

Thomas Nipperdey und Reinhard Rürup[2] erwähnen eine Reihe von möglichen Gründen für den neu aufkommenden Antisemitismus gegen Mitte bzw. Ende des 19. Jahrhunderts:

Trotz der allmählichen Ablösung des Begriffs ›Judentum‹ von der Religion in der öffentlichen Wahrnehmung, trotz aller Emanzipations- und Assimilationsbestrebungen vieler Juden der damaligen Zeit waren das alte Befremden, die Angst vor dem Anderen und die Vorurteile gegen die Minorität virulent. Zusätzlich zu den älteren Komplexen – man nahm Anstoß an Religion, Wirtschaftsgebaren und Rand-

---

[2] Thomas Nipperdey, Reinhard Rürup: »Antisemitismus« in: *Geschichtliche Grundbegriffe. Historisches Lexikon zur politisch-sozialen Sprache in Deutschland. Band 1. A-D*, hrsg. v. Otto Brunner u. a., Stuttgart 1972.

gruppenverhalten – wurde neuerdings jedoch das Judentum vermehrt mit der Modernität und mit liberalen Einstellungen identifiziert, so dass es bald zu einer willkommenen Projektionsfläche für alle Ängste vor und Aversionen gegen die Entwicklungen der Moderne wurde:

> ›Semitismus‹ war Synonym oder Ursache für den Kapitalismus, für die aus den Bindungen von Zünften, Ständen und Kirchen sich befreiende bürgerlich-liberale Gesellschaft, für ihre antagonistische und pluralistische Struktur, für die Auflösung der Tradition, für die Traditionskritik der Literaten, für die Macht der Presse, für linksliberale, aufklärerische und westlich-demokratische, ja auch schon für sozialistische Ideen, für den ›Materialismus‹ und die ›Veräußerlichung‹ der Zivilisation, schließlich für den vermeintlichen Mangel an nationaler Integration, an wahrem Deutschtum im Reich von 1871.[3]

Mit anderen Worten: Es konnte sich praktisch jeder betroffen fühlen vom ›semitischen‹ Einfluss. Einerseits hatten die Verlierer des Kapitalismus, insbesondere des Gründerkrachs und der Wirtschaftskrise wie etwa um ihr Vermögen geprellte Anleger, vermeintliche Gründe für Ressentiments, andererseits aber auch Intellektuelle, die wegen des hohen Anteils gebildeter Juden zunehmend Konkurrenz und Verdrängung befürchteten. Dazu kamen »Angst und Sorge um die Nation und um die überlieferte Kultur, um die monarchische Verfassung und um die traditionelle Sozialordnung und den durch sie garantierten Status«[4].

Nipperdey stellt fest: »Es ist charakteristisch, dass der post-emanzipatorische Antisemitismus nach dem Gründerkrach von 1873 in der großen Wirtschaftskrise entstand, die von vielen als Krise des Liberalismus, der liberalen Wirtschaft, Politik und Weltanschauung erlebt wurde.«[5] In die-

---

[3] Ebd., S. 136.
[4] Ebd., S. 144.
[5] Nipperdey: *Deutsche Geschichte 1866-1918. Zweiter Band. Machtstaat vor der Demokratie*, München 1992, S. 294.

ser Stimmung ließen sich unter Ausnutzung von Ängsten
und Unsicherheiten leicht alte sozialmoralische Vorurteile
wiederbeleben.

> Für diese Bewegung der Unzufriedenen und Ver-
> unsicherten ist die Menge von gescheiterten, nicht
> arrivierten, außenseiterischen (oder auch patho-
> logischen) Existenzen unter den frühen Antisemi-
> ten charakteristisch. [...] Metapolitisch war es der
> aufkommende Zweifel am Liberalismus, seinem
> Individualismus und Rationalismus, seinem Set-
> zen auf die Bürger- und Freiheitsrechte als Grund-
> lage einer funktionierenden Gesellschaft, der zu
> einer wichtigen Voraussetzung für das Entstehen
> des Antisemitismus wurde.[6]

Es wird deutlich, dass es nicht d e n G r u n d für den neu
aufkeimenden Antisemitismus gab, sondern dass es sich um
eine Vielzahl von Faktoren handelte, die zusammen einen
fruchtbaren Nährboden dafür bildeten. Daher gab es auch
nicht d e n P r o t o t y p e n des frühen Antisemiten, sondern vielmehr eine große Anzahl von Ausprägungen, die
von leichten Vorbehalten beim Durchschnittsbürger bis hin
zu den aggressiven ›Radauantisemiten‹ wie Henrici reich-
ten. Jeder hatte seine eigenen individuellen Gründe für seinen eigenen persönlichen Antisemitismus. Und erst zusam-
mengenommen ergibt sich das Gesamtphänomen des Antisemitismus, so wie es sich heute historisch darstellt.

Das Ziel dieser Metaanalyse ist es, anhand der Auswertung
der vorhandenen Sekundärliteratur die Gründe und Motive
hinter Richard Wagners persönlichem Antisemitismus[7] bzw.
Antijudaismus herauszuarbeiten, soweit es die Quellenlage
hergibt.

---

[6] Ebd.

[7] Der Begriff ›Antisemitismus‹ wurde erst im Jahre 1879 von Wilhelm Marr
geprägt, so dass in der Literatur häufig auch von Richard Wagners
›Antijudaismus‹ und bzw. oder ›Früh-Antisemitismus‹ gesprochen wird.
Ich verwende den Begriff in seiner heute geläufigen Bedeutung zur Be-
zeichnung von Judenfeindschaft im Allgemeinen.

Wilhelm Richard Wagner

Bemerkenswert an Richard Wagner[8] ist, dass er sich schon lange vor dem Aufkommen des modernen Antisemitismus, nämlich bereits 1850 in seinem unter dem Pseudonym K. Freigedank in der *Neuen Zeitschrift für Musik* erschienenen Artikel »Das Judenthum in der Musik«, einschlägig öffentlich artikuliert hat. Selbst mit dessen um ein umfangreiches Vor- und Nachwort erweiterter Wiederveröffentlichung als eigenständige Broschüre unter eigenem Namen im Jahr 1869 kam er der antisemitischen Bewegung, zu der Marr und die anderen eingangs Genannten gehörten, noch um zehn Jahre zuvor. Der Gründerkrach (1873) etwa kommt daher bei Wagner nicht als Grund für Frust oder Enttäuschung infrage. Dass Wagner sich zeitlebens, besonders in jüngeren Jahren, fast permanent in seiner persönlichen Wirtschaftskrise befand, ist noch einmal eine andere Sache, die in den folgenden Ausführungen nicht unbeachtet bleiben wird.[9]

---

[8] Geboren 1813 in Leipzig und getauft auf den Namen Wilhelm Richard Wagner, gestorben 1883 in Venedig (vgl. Mark Nowakowski: »Wagner, Wilhelm Richard« in: *Handbuch des Antisemitismus. Judenfeindschaft in Geschichte und Gegenwart, Bd. 2: Personen*, hrsg. v. Wolfgang Benz, Berlin 2009, S. 865 f.).

[9] Für Josef Rattner ist Wagner gar »einer der herausragendsten Schuldenmacher des 19. Jahrhunderts.« (Vgl. Josef Rattner: »Richard Wagner im Lichte der Tiefenpsychologie oder Bagwan in Bayreuth« in: *Jahrbuch für Verstehende Tiefenpsychologie und Kulturanalyse. Band 4: 1984*, hrsg. v. Josef Rattner, Berlin 1984, S. 218.)

Abbildung 1: Richard Wagner (Fotografie von Fritz Luckhardt, 1872)

Antisemitismus bei Wagner – ein Syndrom

Die Wagner-Literatur ist ein weites Feld, und auch, wenn man sich auf sein Verhältnis zum Judentum beschränkt, findet sich eine Vielzahl von Autoren, die sich (teils recht umfangreich) zum Thema geäußert bzw. die nicht enden wollende Debatte darum angeheizt haben. Dieter David Scholz bemerkt, »dass es heute fast unmöglich ist, einen vollständigen Abriss auch nur eines speziellen Aspekts der Wagner-Forschung zu erstellen.«[10] Das liegt seiner Auffassung zufolge vor allem an der nahezu unerschöpflichen und weiterhin wachsenden Quantität der Wagner-Literatur, an den eminenten Widersprüchen zwischen den einzelnen Autoren, die auch heute noch weit von einem allgemeinen Forschungskonsens insbesondere Wagners Antisemitismus betreffend entfernt sind, und auch daran, dass nicht einmal die wissenschaftliche Auseinandersetzung mit dem Thema sachlich-neutral ist wegen unterschiedlicher ideologischer Standpunkte und Interessen der Autoren.

Die große Vielfalt in der Literatur zu Richard Wagners Antisemitismus ist somit Segen und Übel zugleich, denn insbesondere zu den Gründen seiner Entstehung gibt es mindestens so viele Theorien wie es Autoren gibt. Zwar finden sich einige zentrale Kernthesen bei einer Reihe von Autoren wieder, doch in den Details gehen die Ansichten mitunter deutlich auseinander, was sicherlich daran liegt, dass sich genau hier für die Autoren der Raum bietet, sich mit einer neuen Deutungsweise und Interpretation der Primärquellen zu profilieren und sich gegen die anderen Autoren abzusetzen. An einigen Stellen fallen denn auch allzu offensichtliche Konstruktionen von Fakten zu vermeintli-

---

[10] Dieter David Scholz: *Richard Wagners Antisemitismus*, Würzburg 1993, S. 15 f.

chen Sachverhalten auf, die als Belege für die Thesen der Autoren dienen sollen.[11] Bei der Sichtung der Literatur zum Thema wird deutlich, dass es sich auch bei Richard Wagners Antisemitismus nicht um ein einheitliches Phänomen handelt, sondern dass vielmehr eine große Anzahl biographischer Faktoren zu seiner Entstehung beigetragen hat, die heute in ihrer Gesamtheit nur noch schwer rekonstruierbar sind. Unter Wagners Antisemitismus wird meiner Meinung nach ein ganzes Syndrom aus diversen, teils voneinander unabhängigen Symptomen subsummiert, die jeweils wieder ihre eigenen spezifischen Ursachen hatten. Dies wird besonders deutlich durch die verschiedenen Attribute, die dem Wagnerschen Antisemitismus von den Autoren beigestellt werden. Hier nur eine kleine Auswahl: Wagners Antisemitismus ist blind, ideologisch, methodisch, revolutionär (verschiedene Stellen bei Paul Lawrence Rose), Schopenhauerisch (Friedrich Nietzsche), mythologisch (Andrea Mork), idiosynkratisch (Theodor W. Adorno), aggressiv-affektgeladen, sich aus heterogenen Bestandteilen zusammensetzend, widersprüchlich, sich wandelnd (Scholz), grimmig, anhaltend (Josef Rattner), Peter Gay spricht von Wagners vollmundigem destruktiven Judenhass, und Jens Malte Fischer nennt ihn einen Früh- oder Protoantisemiten.

Aus meiner Sicht handelt es sich aber insgesamt in jedem Falle, und da schließe ich mich Fischer an, bei Richard Wag-

---

[11] Siehe z. B. Jens Malte Fischer: *Richard Wagners ›Das Judentum in der Musik‹*, Frankfurt am Main 2000, S. 69: Hier zitiert der Autor aus einem Brief Wagners an seinen Freund Franz Liszt: »Solltest Du nicht längst wissen, daß naturen wie die Meierbeers, der Deinigen und der meinigen schnurstraks entgegengesetzte sind?«, und argumentiert weiter, die Phrase »Naturen wie die Meyerbeers« möge »vordergründig auch kompositorisch oder ›allgemein menschlich‹ gemeint sein, aber wenn dies ein Jahr vor dem Judentum in der Musik geschrieben ist [...], dann liegt der Verdacht nahe, dass auch antijüdische Ranküne mitschwingt.« Insbesondere auf den Seiten 68 und 69 in Fischers Buch finden sich zahlreiche solche Mutmaßungen, die dann im Sinne der Argumentation miteinander kombiniert werden.

ners Antisemitismus »ohne Zweifel [um] eine zentrale Obsession seines Lebens«[12].

Abbildung 2 soll einen schematischen Überblick über die am häufigsten in der analysierten Literatur vorkommenden Kernthesen zu den Gründen der Entstehung des Wagnerschen Antisemitismus geben, die im Folgenden vorgestellt und diskutiert werden, wobei auch knapp auf einige der spezielleren Erklärungsversuche einzelner Autoren eingegangen wird.

Aus Abbildung 2 wird deutlich, dass es sich um einen großen, kaum überschaubaren Komplex von teils stark untereinander verwobenen Elementen handelt. Die einzelnen Aspekte sind über Pfeile mit dem zentralen Phänomen des Wagnerschen Antisemitismus verbunden, wobei jene Faktoren durch Fettdruck gekennzeichnet sind, die in der Literatur am häufigsten als Ursache auf dem Weg zu Wagners Judenhass genannt werden. Die grauen Doppelpfeile zeigen Verknüpfungen zwischen verschiedenen Faktoren auf, die einander teilweise bedingen oder sich gegenseitig überlappen. Die Abbildung erhebt dabei keinen Anspruch auf Vollständigkeit (insbesondere nicht bei den Querverbindungen), sondern soll lediglich einige wichtige Tendenzen aufzeigen.

So stellt beispielsweise Wagners gespaltenes Verhältnis zu Giacomo Meyerbeer (links unten in Abbildung 2) ein zentrales Feld dar, das sich wiederum in zahlreiche Facetten aufspalten ließe, die von den unterschiedlichen Autoren hervorgehoben werden. Wagner baute seine Beziehungen zu Meyerbeer während seines ersten Parisaufenthaltes von 1839-42 auf, wo Wagner andererseits enge Kontakte zu Vertretern des Jungen Deutschland knüpfte (etwa zu Heinrich Laube). Wagner, ohne seinen leiblichen Vater aufgewachsen und früh durch den Tod von seinem geliebten Ziehvater Ludwig Geyer getrennt, sah andererseits, so Fischer, unbewusst eine Vaterfigur in Meyerbeer und beging

---

[12] Fischer: ›*Das Judentum in der Musik*‹, S. 14.

somit durch den Rufmord an seinem musikalischen Ziehvater auch eine Art ›Vatermord‹.[13]

Auf solche Weise verbinden sich die verschiedenen Elemente miteinander, so dass ein dichter Teppich entsteht, der die »hartnäckige Konstante«[14] in Wagners Leben trägt, seine »zentrale Obsession«[15], »individuelle Idiosynkrasie«[16], sein »veritables Trauma«[17], nämlich den Antisemitismus, der »das leidigste Kapitel in Wagners Weltanschauung ist«[18] und ihn »bis zu seinem Tod beherrschte«[19]. Udo Bermbach formuliert es so: »Bei aller feststellbaren Kontinuität massiver antijüdischer Vorbehalte – Wagners Einstellung zu den Juden lässt sich [...] nicht ein für allemal auf ein eindeutiges Muster von Vorbehalten und Ablehnungen zurückführen, sondern sie schwankt und ist in ihren Argumenten oft situationsabhängig.«[20] Mit seiner stabilen antisemitischen Grundhaltung sei eine Fülle ganz unterschiedlicher Motive verbunden, ein breiter Vorrat an Ablehnungs- und Vorbehaltsgründen, aus denen sich Wagner je nach den gegebenen Umständen wie auch entsprechend seiner eigenen biographischen Entwicklung bedient habe.

---

[13] Vgl. Fischer: ›Das Judentum in der Musik‹, S. 76 f.
[14] Andrea Mork: *Richard Wagner als politischer Schriftsteller. Weltanschauung und Wirkungsgeschichte*, Frankfurt am Main 1990, S. 108.
[15] Fischer: ›Das Judentum in der Musik‹, S. 14.
[16] Theodor W. Adorno: »Versuch über Wagner« in: *Die musikalischen Monographien*, Frankfurt am Main 2003, S. 21.
[17] Peter Gradenwitz: »Das Judentum – Richard und Cosima Wagners Trauma« in: *Richard Wagner 1883-1983. Die Rezeption im 19. und 20. Jahrhundert. Gesammelte Beiträge des Salzburger Symposions*, hrsg. v. Ulrich Müller u. a., Stuttgart 1984, S. 78.
[18] Rattner, S. 240.
[19] Paul Lawrence Rose: *Richard Wagner und der Antisemitismus*, Zürich 1999, S. 84.
[20] Udo Bermbach: »Das ästhetische Motiv in Wagners Antisemitismus« in: *Richard Wagner und die Juden*, hrsg. v. Dieter Borchmeyer u. a., Stuttgart 2000, S. 56.

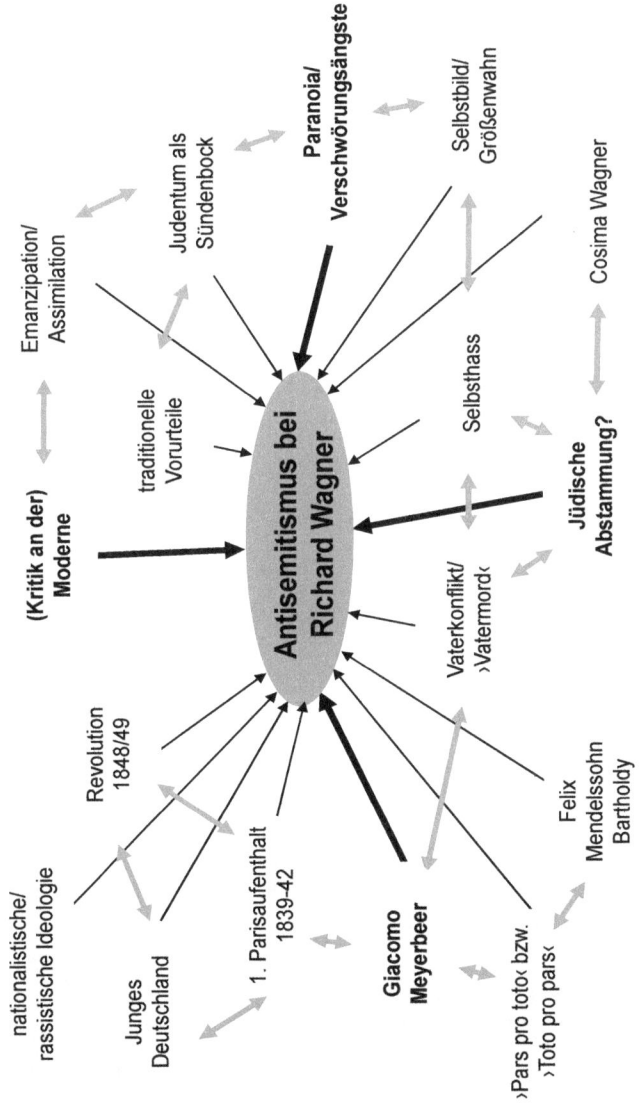

Abbildung 2: Der Komplex des Wagnerschen Antisemitismus
mit seinen wichtigsten Ursachen (eigene Darstellung)

Trotzdem sehen einige Autoren bestimmte Entwicklungs-
schritte in Wagners Haltung den Juden gegenüber. So wird
etwa häufig auf den offensichtlichen Wendepunkt um 1850
vor der Erstveröffentlichung von »Das Judenthum in der
Musik« hingewiesen,[21] während Scholz gar fünf Stufen in
der Entwicklung von Wagners antisemitischem Denken
allein ab dem Beginn der Tagebuchaufzeichnungen seiner
zweiten Frau Cosima, also ab 1869, ausmacht.[22]

---

[21] Z. B. Jacob Katz: *Richard Wagner. Vorbote des Antisemitismus,* König-
stein/Ts. 1985, S. 9; oder Rose, S. 67 und 84. Fischer wiederum hält dagegen, dass Wagners Antisemitismus mitnichten um 1850 aus heiterem
Himmel explodierte, »sondern das Ergebnis eines langen Prozesses ist«,
der sich aus einer Vielzahl von Faktoren zu einem antisemitischen Syndrom zusammensetze (Vgl. Fischer: ›*Das Judentum in der Musik*‹, S. 59).
[22] Vgl. Scholz, S. 87 ff.

Ursachen des Wagnerschen Antisemitismus

Nachdem im vorangegangenen Abschnitt das globale Phänomen von Wagners Antisemitismus thematisiert wurde, werden im Folgenden die einzelnen Ursachen vorgestellt, die als Faktoren mit zum Ganzen beigetragen haben und aus deren Gesamtheit sich im historischen Rückblick seine antisemitische Einstellung mutmaßlich ergeben hat. Dabei bezeichnen die Zwischenüberschriften durchaus nicht die Ursachen an sich, sondern verstehen sich eher als Schlagworte für die jeweils vorgestellten Teilkomplexe.

Giacomo Meyerbeer

Die sicherlich am häufigsten genannte Ursache für bestimmte Aspekte des Wagnerschen Antisemitismus ist seine »traumatische Beziehung«[23] zum weltgrößten und erfolgreichsten Opernkomponisten der damaligen Zeit, zu Giacomo Meyerbeer, der in Berlin als Sohn der jüdischen Bankiersfamilie Beer 1791 geboren und dort nach seinem Tode 1864 auch begraben wurde, jedoch hauptsächlich in Paris tätig war. Dort fand 1839 auch das erste Zusammentreffen zwischen dem großen Maestro und dem im Prinzip noch unbekannten, eben vor seinen Gläubigern aus Riga geflüchteten Richard Wagner statt. Wagner, noch ganz am Beginn seiner Karriere, suchte in dieser Zeit »auf mitunter peinlich-aufdringliche Art«[24], ja zuweilen fast kriecherisch, die Nähe Meyerbeers und dessen Protektion, die er auch erhielt, da jener zeitlebens sehr freigiebig unbemittelte

---

[23] Sieghart Döhring: »Die traumatische Beziehung Wagners zu Meyerbeer« in: *Richard Wagner und die Juden,* hrsg. v. Dieter Borchmeyer u. a., Stuttgart 2000, S. 262.
[24] Ebd., S. 263.

Kunstgenossen unterstützte und durchaus das künstlerische Potential in dem jungen Komponisten erkannte.

Abbildung 3: Giacomo Meyerbeer (Lithografie von Josef Kriehuber, 1847)

Aus der Position des bescheidenen Bittstellers, in der Wagner Meyerbeer sogar gegen Angriffe von anderen (z. B. Kritik von Robert Schumann) verteidigte, wurde später eine, in der Wagner seinem Mentor gegenüber zwar noch Dank zeigte, aber bereits anfing, Kritik am Komponisten Meyerbeer wegen der vermeintlichen Oberflächlichkeit seiner Werke zu üben. Schließlich schlug Wagners Haltung um in einen offenen Hass auf Meyerbeer, der sich nicht nur in »Das Judenthum in der Musik« entlud. Über die Ursachen hierfür gehen die (mal mehr, mal weniger gut begründeten) Spekulationen der unterschiedlichen Autoren auseinander:

Einerseits wird die Konkurrenzsituation zu Meyerbeer genannt[25], was jedoch Sieghart Döhring für absurd hält, da zu der Zeit Meyerbeer in einer ganz anderen Liga spielte[26], in der sich Wagner bestenfalls in seinen Träumen wähnen konnte. Vielmehr sieht Döhring Wagner ganz in der Tradition Meyerbeers, bei dem er seine geistigen Wurzeln habe[27] und von dem sich Wagner zeitlebens nicht vollständig ablösen konnte[28]. Abgrenzungsbedürfnisse gegenüber Meyerbeer sieht auch Scholz neben persönlichen Animositäten als eigentliche Motive für die Erstveröffentlichung von »Das Judenthum in der Musik«.[29] Der Fakt, dass Meyerbeer tatsächlich viel für Wagner getan hat und ihm immer wohlgesonnen war, hätte den Schützling eigentlich zu Dankbarkeit verpflichten sollen, doch gerade die »Verpflichtung zur Dankbarkeit kann für manche Menschen eine Last sein, die aggressiv macht«[30], besonders dann, wenn man nicht mehr auf seinen Gönner angewiesen ist und auf eigenen Füßen stehen will. Gay erkennt einen psychoanalytischen Umkehrmechanismus, ein sogenanntes ›undoing‹. Wagner widerrief demnach »als ›sein eigener Herr‹, der keineswegs einem Juden etwas verdanken wollte, alles, was er über Meyerbeer einige Jahre zuvor gesagt und vielleicht sogar gedacht hatte.«[31] So konnte er auch seine undankbare Zurückweisung Meyerbeers in »Das Judenthum in der Musik« zum welthistorisch bedeutsamen Kampf zwischen deutscher Kultur und ausländischen Invasoren hochstilisieren und sich damit selbst in dem Glauben wähnen, »dass er nicht aus persönlicher Kränkung handelte, sondern soziologische Fakten analysierte.«[32]

---

[25] Vgl. z. B. Hans-Joachim Hinrichsen: »›Musikbankiers‹. Über Richard Wagners Vorstellungen vom ›Judentum in der Musik‹« in: *Musik & Ästhetik. Heft 19*, Stuttgart 2001, S. 73.
[26] Vgl. Döhring, S. 265.
[27] Vgl. ebd., S. 272.
[28] Vgl. ebd., S. 268.
[29] Vgl. Scholz, S. 152.
[30] Fischer: ›*Das Judentum in der Musik‹*, S. 72.
[31] Peter Gay: »Wagner aus psychoanalytischer Sicht« in: *Richard Wagner und die Juden*, hrsg. v. Dieter Borchmeyer u. a., Stuttgart 2000, S. 258.
[32] Ebd., S. 259.

Martin Gregor-Dellin weist auf Wagners äußerst gereizte
Reaktionen auf jeden späteren Vergleich mit Meyerbeer hin
– und derer gab es, wohl zu recht, viele – und sieht in der
darauf folgenden Distanzierung von diesen Vergleichen eine
wichtige Ursache für Wagners Feindschaft ihm gegenüber.[33]
Und Jacob Katz bemerkt, dass in der Phase, in der Wagners
Verhalten Meyerbeer gegenüber umzuschlagen begann, die
Diskrepanz zwischen seiner inneren Gesinnung (Abneigung) und dem äußeren Verhalten (Ehrerbietung um der
Protektion willen) vermutlich immer drückender wurde.[34]
»Das Judenthum in der Musik« sei denn auch aus dem Bedürfnis heraus entstanden, mit der Beziehung zu Meyerbeer
fertigzuwerden.[35] Weiter sieht Katz darin einen eindeutigen
und lauten Protest gegen die Unterstellung, Wagner könnte
auf künstlerischer Ebene irgendetwas mit Meyerbeer ge-
meinsam haben oder von diesem beeinflusst worden sein.[36]
Den Umstand, dass Wagner seinen Aufsatz 1850 unter
Pseudonym veröffentlichte und Meyerbeer darin namentlich nicht nannte[37], interpretiert Katz so, dass Wagner immer noch vor einer offenen Absage an seinen ehemaligen
Mentor zurückschreckte, während dieser doch das eigentliche Angriffsziel des Artikels war.[38] Er kommt zu dem
Schluss, dass die Veröffentlichung, die als Befreiungsschlag
gedacht gewesen war, Wagners Meyerbeer-Komplex allerdings sogar noch verstärkte und ihn fortan hinter allen Un-
annehmlichkeiten und Rückschlägen Intrigen und Rache-
akte Meyerbeers vermuten ließ.[39] Dabei ist es wahrscheinlich, dass Meyerbeer zu Lebzeiten gar keine Kenntnis von

---

[33] Vgl. Martin Gregor-Dellin: *Richard Wagner. Sein Leben. Sein Werk. Sein Jahrhundert,* München 1980, S. 190.
[34] Vgl. Katz, S. 54.
[35] Vgl. ebd., S. 83.
[36] Vgl. ebd., S. 84 f.
[37] In seinem theoretischen Hauptwerk »Oper und Drama« von 1852 jedoch äußert Wagner die gleiche Kritik gegenüber Meyerbeer, die er in »Das Judenthum in der Musik« bereits namentlich an Mendelssohn Bartholdy übt.
[38] Vgl. Katz, S. 85 f.
[39] Vgl. ebd., S. 93.

»Das Judenthum in der Musik« genommen hat, wie Döhring schlüssig darlegt.[40]

Rose sieht die Hauptgründe für die drastische Abwendung Wagners von Meyerbeer hauptsächlich in der »tiefsten Enttäuschung seines Lebens«[41], die Wagner in der durchweg missglückten Aufführung seiner Oper *Rienzi* in Berlin 1847 erlebte, für die er als Wurzel allen Übels das Judentum ausmachte und die er Meyerbeer persönlich zuschrieb in dem Glauben, dieser habe gegen ihn intrigiert. Bestärkt wurde er in diesen irrigen Annahmen durch seinen Freund Heinrich Laube, dessen Drama *Struensee* auf Betreiben Meyerbeers hin wegen einer Namensgleichheit mit einem Stück seines Bruder Michael Beer in Berlin und andernorts nicht zur Aufführung kam. Daraufhin schrieb Laube 1847 eine Schmähschrift gegen Meyerbeer und nahm darin bereits einige grundlegende Gedanken und Argumente vorweg, die sich auffällig mit denen Wagners in »Das Judenthum in der Musik« decken.

Wir werden Meyerbeer im Folgenden noch häufiger begegnen, denn mit ihm sind auch andere Komplexe bei Wagner eng verwoben.

Felix Mendelssohn Bartholdy

Zu Felix Mendelssohn Bartholdy (1809-1847), damals wie Meyerbeer ein bereits arrivierter Komponist, hatte Wagner ebenfalls ein durchaus gespaltenes Verhältnis, Gregor-Dellin spricht gar von einer »Hassliebe«[42]. Einerseits achtete er seine kompositorische Leistung sehr (wie etwa aus den viel später entstandenen Tagebucheintragungen Cosima Wagners deutlich wird), und andererseits diente ihm derselbe Mendelssohn in »Das Judenthum in der Musik« namentlich als Beispiel für d e n   J u d e n in der Musik. Ähnlich wie bei Meyerbeer machen mehrere Autoren »bittere Erfahrun-

---

[40] Vgl. Döhring, S. 267.
[41] Rose, S. 79.
[42] Gregor-Dellin, S. 768.

gen«[43] mit Mendelssohn für dieses Missverhältnis verantwortlich, so dass in Wagners Aufsatz das subjektiv empfun-
dene negative Urteil (über Meyerbeer und Mendelssohn)
»eine quasi sachliche Begründung erfuhr.«[44]

Abbildung 4: Felix Mendelssohn Bartholdy
(Ölporträt von Eduard Magnus, 1846)

---

[43] Vgl. z. B. Scholz, S. 160.
[44] Katz, S. 56.

Insbesondere Gregor-Dellin und Katz arbeiten ein Schlüsselmoment in Bezug auf Mendelssohn heraus: Während Wagner als beginnender Komponist noch ein leuchtendes Vorbild in Mendelssohn sah[45], begann die Stimmung zu kippen, nachdem dieser nicht auf die ihm als Geschenk gewidmete Zusendung einer frühen Symphonie reagierte, geschweige denn sie zur Aufführung brachte, wie Wagner wohl gehofft haben mag. Stattdessen ging dieses Stück verloren, und Wagner verdächtigte Mendelssohn später gar der bewussten Vernichtung der Vorlage. Damit, so Gregor-Dellin, »senkte sich der Keim eines bösen Ressentiments«[46] in Wagner.

Katz geht in seiner Analyse noch weiter und führt andere Gründe für den Bruch an: Einerseits die Nichtbeachtung der Opern *Rienzi* und *Der fliegende Holländer* durch die *Allgemeine Musikalische Zeitung*, die Wagner als ›Organ Mendelssohns‹ sah, und dann die Enttäuschung, als die Aufführung der *Tannhäuser*-Ouvertüre in Leipzig unter Mendelssohns Leitung zu einem Fiasko geriet. Beides nährte seine Skepsis und Vorbehalte, und er lastete diese Niederlagen seinem Rivalen persönlich an.[47]

Der Prozess weg von großer Sympathie hin zu starker Antipathie scheint bei Wagner ein wiederkehrendes Muster gewesen zu sein: Neben den Brüchen mit Meyerbeer und Mendelssohn gibt es starke Parallelen dazu in seinem Verhältnis zu Heinrich Heine[48] oder dem jüdischen Musikverleger Maurice Schlesinger, den Wagner in Paris über Meyerbeer kennenlernte.

---

[45] Vgl. ebd., S. 49.
[46] Gregor-Dellin, S. 117.
[47] Vgl. Katz, S. 50 f.
[48] Siehe dazu Dieter Borchmeyer: »Heinrich Heine – Richard Wagner. Analyse einer Affinität« in: *Richard Wagner und die Juden,* hrsg. v. Dieter Borchmeyer u. a., Stuttgart 2000, S. 20-34, wie auch Rose: »Der Heineaner« in: Rose, S. 56-60.

›Pars pro toto‹ bzw. ›Toto pro pars‹[49]

Doch wie führt der Weg von persönlichen Abneigungen gegen Einzelne hin zu antisemitischen Äußerungen, die eine große Gruppe von Menschen betreffen? Wagner war in seinen Ansichten die Juden betreffend sicherlich von althergebrachten Vorurteilen beeinflusst (doch dazu später mehr), so dass es für ihn wohl nahe lag, verallgemeinernd insbesondere Meyerbeer, Mendelssohn und Heine stellvertretend für das gesamte Judentum an den Pranger zu stellen. »Die Schuld an [...] Rückschlägen wurde dem jüdischen Komponisten Meyerbeer und dem Judentum im allgemeinen zugeschoben.«[50] Schon 1847 »machte Wagner für sich die Wurzel allen Übels aus: das Judentum, personifiziert in seinem vormaligen Gönner Giacomo Meyerbeer [...]«[51] Der unglückliche Meyerbeer wurde so »zum Symbol der kommerziellen Erniedrigung der Kunst«[52] durch die Juden.

Katz dreht den Spieß jedoch um, indem er vermutet, dass »Das Judenthum in der Musik« hauptsächlich aus der Rivalität mit zwei Juden (Meyerbeer und Mendelssohn) heraus entstanden sei, um sich an diesen zu rächen, ja, dass Wagners antijüdische Gesinnung eigentlich erst daraus erwachsen sei und nicht die Verurteilung seiner Rivalen aus einer antijüdischen Gesinnung heraus.[53] Der Angriff auf das Judentum erscheine als das eigentliche Ziel seines Artikels und der ungenannte Meyerbeer nur als ein Beispiel. »In Wirklichkeit war es umgekehrt. Die verwickelte und belastende Beziehung zu Meyerbeer und der Wunsch, sich von ihr zu befreien, veranlasste Wagner« zu einer Kritik des gesamten Judentums.[54] Hier findet sich also das Ganze (Judentum) als Stellvertreter für nur einen Teil (Meyer-

---

[49] Grammatikalisch korrekt natürlich: ›Tota pro parte‹.
[50] Rose, S. 69.
[51] Ebd., S. 77 f.
[52] Ebd., S. 120.
[53] Vgl. Katz, S. 56.
[54] Ebd., S. 86.

beer).[55] Peter Gradenwitz vergleicht Wagner im gleichen Sinne mit dem biblischen Hamann im Buch Esther, »der um einige Juden, die er nicht leiden konnte, loszuwerden, ganz Israel in die Pfanne gehauen wissen wollte.«[56] Scholz teilt diese Meinung und fügt hinzu, dass sich in der Folge jedoch die an persönlichen Konflikten entzündeten antijüdischen Vorurteile dauerhaft in Wagners Denken eingenistet hätten und mit der Zeit zur Gewohnheit wurden.[57] Und Fischer erkennt eine allmähliche Lösung des antisemitischen Denkens, in dem Wagner ein Lebensthema gefunden hatte, von aktuellen Anlässen und Bezügen in den Jahren bis zur Neuveröffentlichung von »Das Judenthum in der Musik« 1869.[58]

Auch in der Zweitpublikation sieht Katz eine Fortsetzung der antijüdischen Fehde Wagners, die ihm die Gelegenheit gab, »mit seinen neuen jüdischen oder für jüdisch erklärten Gegnern abzurechnen.«[59] Dabei handelte es sich nunmehr – Wagner hatte keine Rivalen mehr zu fürchten – um Kritiker und Kollegen, die sich aus für ihn unbegreiflichen Gründen gegen ihn wandten.

Einen anderen Aspekt zeigt Scholz auf, bei dem Meyerbeer bei Wagner nicht nur für das Judentum steht, sondern auch für das Wagner so verhasste Pariser Musik- und Kulturleben – in dem es ihm trotz mehrmaliger Versuche einfach nicht gelungen war, Fuß zu fassen – als »Zentrum einer seiner Meinung nach verrotteten, kommerzialisierten und trivialisierten bürgerlichen Kunstauffassung – insbesondere im Bereich der Oper«[60]. Laut Fischer wurde Meyerbeer für

---

[55] Auch Rattner sieht in Wagners Antisemitismus unter anderem einen »Racheakt gegen Meyerbeer und Mendelssohn-Bartholdy.« (Vgl. Rattner, S. 240.)
[56] Gradenwitz, S. 82 f.
[57] Vgl. Scholz, S. 160.
[58] Vgl. Fischer: ›Das Judentum in der Musik‹, S. 28, 78.
[59] Katz, S. 110 f.
[60] Scholz, S. 155.

Wagner »zum Prototypen einer ›banquier-musikhurerei‹, die er als Kennzeichen des Pariser Musiklebens ansah.«[61]

Noch ein anderes Moment findet sich bei Gregor-Dellin, demzufolge Wagner die jüdischen Künstler brauchte, um mit ihnen die gesamte zeitgenössische Musik (seine eigene selbstverständlich ausgenommen!) verächtlich zu machen.[62] Und auch in der Zweitveröffentlichung seines »Judenthum«-Aufsatzes wurde das Jüdische »zu einem Synonym für alles, was ihm in der Kunst missfiel.«[63]

Erster Parisaufenthalt 1839-42

1839 kam Wagner quasi mittellos mit seiner ersten Frau Minna von Riga über London nach Paris. Die Flucht vor seinen deutschen und Rigaer Gläubigern war eben so geglückt, aber die Schifffahrt von Riga war stürmisch verlaufen, und die Wagners standen mit fast leeren Händen und noch völlig ohne Reputation in der Kulturmetropole. 1842 verließen sie die Stadt enttäuscht wieder gen Dresden, ohne dass Wagner auf künstlerischer Ebene sonderlich viel erreicht hätte (trotz der steten Bemühungen Meyerbeers und anderer um seine Belange).

In der Literatur finden sich mehrere Ansatzpunkte, die diesen Zeitraum als wichtige Wegmarke bei der Entstehung von Wagners antisemitischem Denken erscheinen lassen. Zum einen waren da die Bekanntschaften mit Heine und Laube, Vertretern des Jungen Deutschland, die ihm in diesen Jahren die Hauptquelle für revolutionäre Ideen waren,[64] sowie die Lektüre von Pierre-Joseph Proudhon und anderen, durch die er auch mit antisemitischen Stereotypen konfrontiert wurde.[65] Die sogenannte links- oder junghegeliani-

---

[61] Fischer: »Richard Wagners DAS JUDENTUM IN DER MUSIK. Entstehung – Kontext – Wirkung« in: *Richard Wagner und die Juden*, hrsg. v. Dieter Borchmeyer u. a., Stuttgart 2000, S. 41.

[62] Vgl. Gregor-Dellin, S. 313.

[63] Ebd., S. 592.

[64] Vgl. Rose, S. 56.

[65] Vgl. Mork, S. 112.

sche bzw. sozialistische Kritik an den Juden, etwa bei Karl Marx, Ludwig Feuerbach oder Bruno Bauer, mit denen sich Wagner in jenen Jahren teilweise beschäftigte, ist ebenfalls zu berücksichtigen. Mork ergänzt, dass sich in Paris Wagners Nationalismus entwickelt »gegen den als Fremdherrschaft empfundenen Einfluss der französischen Kultur. Sein deutsches Selbstbewusstsein erhebt sich gegen Kapitalismus, Rationalismus und Liberalismus, die er politisch an der Französischen Revolution festmacht und kulturell auf die Lasterhaftigkeit der Pariser Kunstszene zurückführt.«[66]

Dagegen sehen Fischer und Scholz den Parisaufenthalt von 1839-42 hauptsächlich der »bitteren Erfahrungen«[67] wegen als entscheidende Phase für die Entwicklung von Wagners Antisemitismus: »Hier ballt sich in einer Inkubationszeit besonderer Art zusammen, was sich rund zehn Jahre später Aufmerksamkeit verschafft.«[68] Diese »dunkelste, peinlichste und verächtlichste Periode« seines Lebens«[69] war geprägt von Armut, Frust und Unsicherheit, und Wagner brachte später die negativen Empfindungen aus dieser Zeit mit Meyerbeer, Schlesinger und dem Pariser Musikbetrieb in Verbindung. Die Schmähung von Meyerbeer und anderen in »Das Judenthum in der Musik« ist somit das Ergebnis einer Suche nach sachlichen Gründen für seinen Widerwillen.

Gradenwitz weist auf eine psychiatrische Studie zu Wagner von 1873 (also noch zu Wagners Lebzeiten) hin, in der ihm eine »kranke Phantasie« attestiert wurde, überall wittere er Juden, »welche ihm auflauern und ihn zu vernichten trachten«, was als Anzeichen eines psychischen Verfalls interpretiert wurde, dessen Beginn in die Zeit von Wagners Enttäuschungen in Paris gesetzt wurde.[70] Sicherlich ist dies eine drastische und aus heutiger Sicht nicht zu haltende These.

---

[66] Ebd., S. 79.
[67] Scholz, S. 160.
[68] Fischer: ›Das Judentum in der Musik‹, S. 59.
[69] Fischer: »DAS JUDENTUM IN DER MUSIK«, S. 41.
[70] Vgl. Gradenwitz, S. 83 f.

Das Junge Deutschland

Wagner lernte in seiner Pariser Zeit wichtige Vertreter des
›Jungen Deutschland‹ kennen und hatte insbesondere zu
Laube und Heine engen Kontakt, wobei er mit ersterem
bereits seit 1832 und auch noch lange nachher befreundet
war und der im Exil lebende Heine für ihn sowohl das Junge
Deutschland als auch den Revolutionsgeist der Junghegelianer verkörperte. Dabei maß Wagner Heines neuer, mythi-
scher Interpretation der deutschen Volkssagen eine wichtige Bedeutung als Weg bei, revolutionäre Wahrheiten zu
offenbaren.[71]

Mork nennt explizit das Junge Deutschland und seinen
Assimilationsgedanken und Heinrich Laube persönlich als
eine von drei Hauptquellen für Wagners antisemitische
Ideen.[72] Rose attestiert den Wortführern des Jungen
Deutschland zwar eine vordergründig pro-
emanzipatorische Einstellung, »aber sie hegten auch eine
tiefsitzende Aversion gegenüber dem ›Jüdischen‹.«[73] Fischer
betont ebenfalls, dass Laube zu antijüdischen Affekten neig-
te, »die sich in einer erstaunlichen Parallelaktion zu Wagners Pamphlet drei Jahre vor dessen Erscheinen nieder-
schlugen.«[74] Gemeint ist die bereits im Meyerbeer-Abschnitt
beschriebene *Struensee*-Verstimmung, bei der sich Laube
durch den Einfluss Meyerbeers als Verlierer sah. Rose sieht
im »*Struensee*-Skandal«, in dem Konflikt mit Meyerbeer und
der Revolution von 1848 drei miteinander verkettete Ereignisse, die »den Boden für Wagners Hinwendung zu einem
methodischen Antisemitismus, der sich in den Jahren
1849/50 vollzog«, bereiteten.[75]

Überhaupt ist es Rose' Hauptthese, dass Wagners Antisemitismus eine fundamentale Begleiterscheinung seiner
revolutionären Gesinnung um 1848 war[76].

---

[71] Vgl. Rose, S. 57.
[72] Vgl. Mork, S. 112 f.
[73] Rose, S. 29.
[74] Fischer: ›*Das Judentum in der Musik*‹, S. 41 f.
[75] Rose, S. 117.
[76] Vgl. Fischer: ›*Das Judentum in der Musik*‹, S. 59; Rose, S. 83 ff.

Revolution 1848/49

Wagners revolutionäre Gesinnung war geprägt vom roman-
tischen Nationalismus, von den Junghegelianern, den Jungdeutschen, Bauer und Marx.[77] Alle diese revolutionären
Strömungen seiner Zeit mit der latent antijüdischen Einstellung einiger ihrer Anhänger hatten beim jungen Wagner
einen tiefen Eindruck hinterlassen. Ihre Lösungsvorschläge
bezüglich der Judenfrage waren der Gedanke einer bürgerlichen Emanzipation und – noch grundlegender – der der
›menschlichen Emanzipation‹ der Juden.[78]

Rose stellt fest: »Wagner wurde nicht plötzlich vom Revolutionär zum Rassisten – für ihn enthielt die Idee einer
deutschen Revolution immer schon einen rassistischen und
antisemitischen Kern.«[79] Die Französische Revolution ver-
achtend glaubte er an eine »spezifisch deutsche Form der
Revolution, in der die geheiligte deutsche Rasse der Freiheit
einen Weg bahnen sollte.«[80] Diese sollte die gesamte
Menschheit zur wahren Menschlichkeit führen und zuvor
von einer lieblosen und vernunftwidrigen Lebensweise
befreien, deren Merkmale er konkret im Judentum, im ›jüdischen Wesen‹ ausmachte.

Rose sieht denn auch die Jahre 1847-50 als entscheidend
für die Entwicklung des Revolutionärs und Antisemiten
Wagner an.[81] Bereits seit 1834 stand er unter dem Einfluss
des Jungen Deutschland und dessen revolutionären Gedan-
kengutes wie der Formel von der ›Emanzipation des

---

[77] Die Frage, ob Wagner Karl Marx' Aufsatz »Zur Judenfrage« gekannt hat,
zu dem es scheinbare Parallelen in »Das Judentum in der Musik« gibt,
wurde des öfteren kontrovers diskutiert (siehe dazu Fischer: ›Das Judentum in der Musik‹, S. 45). Zumeist wird davon ausgegangen, dass Wagner
die Schrift zumindest nicht selbst gelesen hat (vgl. z. B. Rose, S. 55; Katz,
S. 60 f.), doch weisen Fischer und auch Bermbach gleichwohl darauf hin,
dass dies nicht auszuschließen sei (vgl. Fischer, S. 45) bzw. dass heute
mit Sicherheit unterstellt werden könne, Wagner habe den Text gekannt
(vgl. Bermbach, S. 71).
[78] Vgl. Rose, S. 60 f.
[79] Ebd., S. 10.
[80] Ebd., S. 11.
[81] Vgl. ebd., S. 14.

Fleisches«.[82] Schließlich wurde Wagners Revolutionsauffas-
sung ihrem Wesen nach geradezu religiös,[83] und er sah sich
selbst als den Urheber einer grundlegenden, revolutionären
Wandlungsidee, ja in der Konsequenz sogar als Weltzerstö-
rer und Erschaffer einer neuen Welt.[84] Gay zitiert aus einem
1848 entstandenen Manifest von Wagner: »[...] Ich bin das
ewig verjüngende, das ewig schaffende Leben! [...] Ich ver-
nichte, was besteht, und wohin ich wandle, da entquillt neues Leben dem toten Gestein. [...] Denn ich bin die Revolution...«, und bemerkt: »Er war kein Rationalist, sondern
ganz im Gegenteil ein prinzipieller Irrationalist.«[85], was
Fischer vermutlich zu der sicherlich übertriebenen Einschätzung führt, Wagner habe 1848/49 danach gestrebt,
»der Chefideologe der Dresdener Revolution zu werden.«[86]

Die reale politische Revolution hingegen wurde für den
Straßenkämpfer und anschließenden Flüchtling[87] zu einem
enttäuschenden bis traumatischen Erlebnis[88], so dass
Gregor-Dellin fragt: »War der Antisemitismus etwa der Versuch, die verlorenen revolutionären Illusionen durch eine
neue Ideologie zu ersetzen?«[89]

Fischer weist darauf hin, dass der Dresdener Revolutionär Wagner zudem kaum von der antijüdischen Stimmung
in der Revolution von 1848 unberührt geblieben sein könne,
in der sich Antijudaismus, traditionelle Judenfeindschaft
und die Vorboten des modernen Antisemitismus über-
schnitten. In diesen Tagen gab es zum ersten Mal seit den
›Hep-Hep‹-Ausschreitungen von 1819 wieder massive antijüdische Proteste und Ausschreitungen.[90]

---

[82] Vgl. ebd., S. 43.
[83] Vgl. ebd., S. 85.
[84] Vgl. Gay, S. 253 f.
[85] Ebd.
[86] Fischer: ›Das Judentum in der Musik‹, S. 96.
[87] Wagner beteiligte sich 1849 aktiv am Dresdner Maiaufstand. Nach der
Niederschlagung der Volksunruhen wurde er von der Polizei steckbrief-
lich gesucht und sah sich gezwungen ins Schweizer Exil zu fliehen.
[88] Das erklärt auch seine spätere Abwendung und Distanzierung von der
Revolution, an der er selbst so heißblütig Anteil genommen hat.
[89] Gregor-Dellin, S. 314.
[90] Vgl. Fischer: ›Das Judentum in der Musik‹, S. 36 ff.

Bereits in Wagners Schrift *Das Kunstwerk der Zukunft*[91] von 1849 erkennt Rose einen »revolutionären Antisemitismus«, der dann in »Das Judenthum in der Musik« weiter systematisiert wurde.[92] Diese Wandlung vom Sympathisanten eines latent antijüdischen revolutionären Milieus zum überzeugten methodischen Antisemiten mit revolutionärem Pathos wurde jedoch erst durch die Verkettung mit dem Meyerbeer-Konflikt sowie dem *Struensee*-Skandal katalysiert.[93]

In späteren Jahren ließ Wagner dann die traditionellen Vorstellungen Kants und Hegels hinter sich und überdachte sein Revolutionsverständnis unter dem moralphilosophischen Einfluss von Schopenhauers Ansichten über das Wesen von Erlösung und Revolution neu. Dies versetzte ihn in die Lage, »die moralische Dimension seines revolutionären Antisemitismus herauszustellen und somit über die Theorien hinauszugehen, die er im ›Judentum in der Musik‹ dargelegt hatte.«[94]

In den 1870er Jahren spiegelte sich das dann in seiner antisemitischen Regenerationstheorie wider.

Nationalistische und rassistische Ideologie

Neben dem (früh-) sozialistischen, junghegelianischen, jungdeutschen Gedankengut trat auch bereits eine Art Protorassismus beim frühen Wagner zutage. »Zwischen Idiosynkrasie und Verschwörungswahn knüpft sich die Rassentheorie«,[95] die sich in seinen späten Jahren durch die Einflüsse der Schriften Joseph Arthur de Gobineaus und anderer verfestigte[96]. Bereits in »Das Judenthum in der Musik«

---

[91] Neben *Oper und Drama* ist *Das Kunstwerk der Zukunft* eine der beiden kunsttheoretischen Schriften Wagners, die er in der Zeit von 1849-1852 in Zürich verfasst hat. Er beklagt darin den Zerfall der Künste und entwickelt sein Modell der neuen Einheit der Künste, das ›Gesamtkunstwerk‹.

[92] Vgl. Rose, S. 96.

[93] Vgl. ebd., S. 67, 117.

[94] Ebd., 142 f.

[95] Adorno, S. 23 f.

[96] Gregor-Dellin allerdings sieht Widersprüche und Probleme in dem Versuch, Wagners tatsächliche Äußerungen mit den Rassentheorien des Joseph Arthur de Gobineau in Übereinstimmung zu bringen (vgl. S. 769).

sprach sein Antisemitismus in Naturkategorien, und Adorno, aber besonders Rose und Marc A. Weiner haben sehr ausführlich darzulegen versucht, wie und wo sich diese auch in Wagners musikalischem Werk niedergeschlagen haben sollen.

Schon während seines ersten Parisaufenthaltes (1839-42) entstand Wagners Nationalismus »in Frontstellung gegen den als Fremdherrschaft empfundenen Einfluss der französischen Kultur«, und seine nationalistische Selbstversessenheit entschädigte ihn in Form von ideologischer Vergeltung für all die erlebten Erniedrigungen in dieser Zeit.[97] Für Mork bildete die Rasse eine »Autorität des Seins« für den späteren Wagner, sein »Patriotismus« schlug »in Hass gegen diejenigen um, die seinem Ideal deutscher Identität nicht entsprechen. Rassismus, der Glaube an den Sieg einer Naturgewalt über die Vernunft, wird zur positiven Ersatzreligion.« Rassismus und Nationalismus stellten also ein konstitutives Merkmal dieser ›Kunstreligion‹ Wagners dar, wurden zum Religionsersatz, denn die Deutschen waren für ihn der Urstamm der Menschheit selbst und eine einzigartige Rasse, an deren Wesen die ganze Welt genesen sollte; der oberste Glaubenssatz war mithin die Höherrangigkeit der arischen Rasse.[98]

Im späten Wagnerschen Antisemitismus vermischten sich, so Gregor-Dellin, »Privates, Ökonomisches und Rassistisches zu einer gefährlichen Pseudo-Ideologie«,[99] ›Deutschsein‹ wurde für ihn ein reines ›Metaphysicum‹ mit dem vielleicht einzigen »Pendent des Judentums zur Seite«[100].

---

[97] Vgl. Mork, S. 79 f.
[98] Vgl. ebd., S. 75 f, 117 f.
[99] Gregor-Dellin, S. 766.
[100] Ebd., S. 765.

Vaterkonflikt/›Vatermord‹

Richard Wagner lernte seinen leiblichen Vater Carl Friedrich Wilhelm Wagner nie kennen, denn dieser verstarb bereits wenige Monate nach Richards Geburt an Typhus. Kurz darauf folgte der Tod seiner Großmutter und einer seiner Schwestern. Seine Mutter heiratete bald den Schauspieler und alten Freund der Familie Ludwig Geyer, der für Richard (welcher bis zu seiner Konfirmation im Alter von 14 Jahren den Namen seines Stiefvaters trug) zum geliebten Ziehvater wurde. Allerdings verstarb auch er schon 1821, als Richard Geyer gerade erst neun Jahre alt war, was ein herber Verlust für den Jungen war.

In Richards Kinder- und Jugendjahren gab es ein ständiges Hin- und Her bezüglich seiner Wohnorte, häufig war er über Monate und Jahre von seiner Familie getrennt. Er war ein schwächliches, kränkelndes Kind, und seine Mutter verzweifelte bisweilen fast an seiner schlechten Gesundheit. Es gab noch acht Geschwister zu versorgen, weswegen für die Pflege des kleinen Richard nicht viel Raum blieb. Gregor-Dellin beschreibt, dass Wagner »jenen behaglichen Ton mütterlicher Familienzärtlichkeit« an ihr vermisste, überhaupt wenig von ihr liebkost wurde und dass Zärtlichkeit innerhalb der Familie rar gesät war.[101] Trotzdem war da eine starke Mutterbindung, denn im Gegensatz zu ihren Männern überlebte sie Wagners Jugend und starb erst 1848. Alle seine kindlichen und späteren Geborgenheitsphantasien kreisen um sie.

In Anbetracht seiner bewegten Kinderjahre spricht Gregor-Dellin von einer »frühkindlichen Verstörung«[102] bei Wagner, von tiefen seelischen Verstörungen, die bis heute (1980) außer acht gelassen worden seien[103] und deren Bedeutung für die Entwicklung und Herausbildung des ganzen Menschen Wagner nicht zu unterschätzen sei.[104] »Legt man

---

[101] Vgl. ebd., S. 25.
[102] Ebd.
[103] Vgl. ebd., S. 24.
[104] Eine tiefenpsychologische Kindheitsanamnese findet sich bei Rattner, S. 214 ff.

diese Wurzeln nicht bloß, dann ist Wagner kaum zu begreifen, weder seine Ängste noch seine dualistische Natur, weder sein Selbstwiderspruch noch seine Reaktion auf Zustände, was die Soziologie heute eine determinierte Rolle nennen würde.«[105] Eine Entschuldigung für alles also – auch für Wagners Antisemitismus? Wohl kaum, aber doch ein Hinweis auf ein weiteres mögliches Ursachenfeld. Immerhin folgt drei Seiten weiter die Bemerkung: »Man soll psychologische Ableitungen nicht überschätzen oder zur bloßen Entschuldigung von Charakterschwächen missbrauchen.«[106]

Schließlich gab es immer wieder Spekulationen, ob nicht eigentlich Ludwig Geyer Wagners leiblicher Vater war, was aus heutiger Sicht allerdings nicht mehr feststellbar und damit zumindest nicht zu widerlegen ist. Auch Wagner selbst war sich vermutlich nicht sicher, wessen Sohn er nun eigentlich war, was eine zusätzliche Unsicherheit für ihn bedeutet haben mag.[107]

Dass Wagner später allerdings Vaterfiguren gesucht hat, ist eine einleuchtende Vermutung. Fischer vertritt hier eine interessante Hypothese, wenn er Meyerbeer diese Rolle für den jungen Wagner zuschreibt.[108] Der deutlich ältere genuine Opernkomponist war gegenüber jungen Talenten generös, und Wagner suchte anfangs mit großem Eifer seine Nähe und seinen Schutz. Er schmeichelte ihm und sah ein leuchtendes Vorbild für sich selbst in ihm, den er als Nachfolger zu beerben anvisierte. Dass Meyerbeer eine Art Ziehvater für Wagner war, auch auf künstlerischer Ebene, legen zudem die Bemerkungen anderer Autoren nahe. So wird verschiedentlich auf die offensichtliche – und heutzutage musiktheoretisch auch anerkannte – musikalische Beeinflussung durch den Älteren und Wagners Anlehnung an dessen Werke hingewiesen, z. B. bei Katz[109]. Döhring sieht in Meyerbeer eine, wenn nicht die entscheidende Bezugsper-

---

[105] Gregor-Dellin, S. 24.
[106] Ebd., S. 27.
[107] Siehe dazu Scholz, S. 60-63.
[108] Vgl. Fischer: ›Das Judentum in der Musik‹, S. 76 ff.
[109] Vgl. Katz, S. 84 f.

son seines künstlerischen Wirkens, seines Enthusiasmus, seiner Hoffnungen und seiner Enttäuschungen[110] und weist darauf hin, dass unter Zeitgenossen die Ansicht verbreitet war, »dass der Jüngere dem Älteren zeitlebens nachgestrebt habe, zwar oft mit anderen Mitteln, aber stets im gleichen Geiste.«[111] Auch die geistigen Wurzeln des *Rings des Nibelungen* verortet Döhring eher in Meyerbeers Oper *Der Prophet* als in der Philosophie Schopenhauers.[112] Letztlich habe Wagner seine Ablösung von Meyerbeer nie gänzlich vollzogen, so dass ihm dieser auch noch Jahre nach seinem Tod wiederholt in Träumen begegnete.

Wagner habe nämlich nach seiner abrupten Abwendung von Meyerbeer Schuldgefühle diesem gegenüber gehegt, die es zu bereinigen galt. Als seine Anbiederung bei Meyerbeer nicht die erhofften Früchte trug, wurde sie ihm zur Last, und bei Wagner stellte sich tiefe Enttäuschung ein,[113] die sich bis zu Verschwörungsängsten vor Meyerbeers vermeintlichen Intrigen steigerte. Seine Schuldenlast gegenüber dem Älteren hingegen wollte er nicht sehen. So erkennt Fischer letztlich Wagners antisemitischem Angriff auf Meyerbeer in »Das Judenthum in der Musik« als »Bündelung der enttäuschten Sohnesliebe in einem taktischen wie auch zugleich kathartischen Befreiungsschlag.«[114] Der polemische Rufmord an Meyerbeer war somit auch ein (Zieh-) Vatermord, der seine Entsprechung in Siegfrieds Verhältnis zu Mime findet. Dort heißt es, nachdem Siegfried seinen Ziehvater erschlagen hat: »Solang ich lebe stand mir ein Alter stets im Wege, den hab ich nun fort gefegt.« Die »zuckersüße Falschheit, die Siegfried an Mime so sehr hasst, finden wir in Wagners Beschreibung des überaus freundlichen, doch angeblich falschen Meyerbeer wieder.«[115]

---

110 Vgl. Döhring, S. 262.
111 Ebd., S. 268.
112 Vgl. ebd., S. 272.
113 Vgl. Katz, S. 84.
114 Fischer: ›*Das Judentum in der Musik*‹, S. 77.
115 Ebd.

Es ging dabei sicherlich auch um die künstlerische Abnabe-
lung und Verselbständigung vom alten Meister. Wagner
wollte auf eigenen Beinen stehen und dabei schon gar nicht
einem Juden etwas schulden müssen. Daher musste sich
Wagner später vehement gegen jeden Vergleich mit Meyerbeer verwahren und jeden Verdacht der Beeinflussung weit
von sich schieben. »Auf jeden Fall«, so Katz, »ist sein ›Judentum in der Musik‹ ein eindeutiger und lauter Protest gegen
eine solche Unterstellung.«[116]

Jüdische Abstammung

Ein dem vorigen verwandtes Feld, aus dem in den Erklä-
rungsversuchen des Wagnerschen Antisemitismus immer
wieder geschöpft wird, sind die Spekulationen um seine und
bzw. oder Cosimas jüdische Herkunft. Weiner sieht eine
direkte Verbindung zwischen Wagners Judenhass und seiner Unsicherheit betreffs seiner elterlichen Herkunft, er
habe insbesondere gefürchtet, sein Vater könne jüdisch
gewesen sein, und habe sich daher so vehement von der
jüdischen ›Rasse‹ abzugrenzen versucht.[117] Und diese Her-
kunftsunsicherheit habe er dann in so gut wie allen seinen
erfolgreichen Musikdramen mithilfe bestimmter Gestalten
wie des Zwergs Mime zu verarbeiten gesucht.

Es gilt mittlerweile allerdings bei den meisten Autoren als
müßig, tatsächlich anzunehmen, einer von beiden, Richard
oder Cosima, könnte jüdische Vorfahren besessen haben,
wie einerseits Adorno mit Verweis auf Ernest Newmans
Beweisführung Richard Wagner betreffend feststellt. Demnach geht dieses Gerücht auf eine zweideutige Bemerkung
Nietzsches Wagners Zieh- und vermeintlich sogar leiblichen
Vater Ludwig Geyer betreffend zurück, die aber nicht halt-
bar sei.[118] Gregor-Dellin spricht gar von Unfug, anzunehmen,
Wagner könnte an eine jüdische Herkunft Geyers ernsthaft

---

[116] Katz, S. 85.
[117] Vgl. Marc A. Weiner: *Richard Wagner and the Anti-Semitic Imagination,*
    Lincoln 1995, S. 3 ff.
[118] Vgl. Adorno, S. 23.

geglaubt haben und sei in der Folge einem jüdischen Selbsthass verfallen, der seinen Antisemitismus hervorgebracht hätte.[119]

Katz[120] und in besonderer Ausführlichkeit Scholz[121] geben einen genauen Abriss über den aktuellen Forschungsstand bezüglich aller Abstammungsfragen Richard und Cosima Wagners und kommen zu dem Ergebnis, dass sowohl die Wagners, die Familie Pätz (die Vorfahren seiner Mutter) als auch die Geyers und die Liszts (Cosimas Vorfahren) sämtlich allem Anschein nach Protestanten waren. Es gebe daher keinen Grund, den Judenhass der beiden und Richards irrationale Reaktion auf alles Jüdische auf jüdischen Selbsthass zu schieben, selbst dann nicht, wenn man davon ausginge, dass Richard an Geyer als seinen leiblichen Vater geglaubt habe.

Auch Wagners Geburt auf dem Brühl, dem vermeintlichen Judenviertel Leipzigs, tut Scholz als Fehldeutung ab, denn es wohnten wohl einige jüdische Familien dort, aber dies war nur eine verschwindend geringe Minderheit, während die überwältigende Mehrheit der damals in dieser bedeutenden und zentral gelegenen Handelsstraße ansässigen Bürger Christen gewesen seien. Von einem Ghetto könne somit keine Rede sein, und dass die Wagners ihren Wohnort dort gehabt hätten, habe überdies sehr pragmatische Gründe gehabt, denn Richards Vater war Polizeibeamter im Brühl.[122]

Von den heute evidenten tatsächlichen Gegebenheiten, also k e i n e r abstammungshistorischen Verbindung Wagners zum Judentum, unterscheidet sich allerdings möglicherweise die Wahrnehmung und Unsicherheit, die Wagner selbst zu seiner Zeit hatte. »Wie sah wohl mein Vater aus?«,

---

[119] Vgl. Gregor-Dellin, S. 34. Zu Wagners Familiengeschichte siehe ebd., S. 34 ff.
[120] Vgl. Katz, S. 195 ff.
[121] Vgl. Scholz, S. 56-66.
[122] Vgl. ebd., S. 56-59.

und »Dann frag ich, wie hieß mein Vater?«, fragt Siegfried seinen Ziehvater Mime.

Wagner, selbst »dem Bild des Zwergen knapp entronnen«[123], machte es als Kind schon wahnsinnig, dass seine Mitschüler sich über seine ›jüdische Nase‹ lustig machten.[124] Die damals berühmte Sängerin Mini Hauck zitiert Gradenwitz nach ihrer Begegnung mit Wagner 1874: »Von kleiner Gestalt, mit einem großen Mephistokopf, hoher Stirn, hervorstehendem spitzen Kinn, langer jüdischer Nase ...«[125] Und allein die Tatsache, dass ihm zu Lebzeiten immer wieder eine jüdische Abstammung unterstellt wurde – zu Recht oder zu Unrecht – erfüllte ihn mit Groll und trieb ihn dazu, sich von dem Verhassten an und in sich zu distanzieren und es schlechtzumachen.

Obwohl gerade Wagners Liebe zu Geyer vielfältig belegt ist, müssen ihn die immer wieder auftauchenden Gerüchte, jener sei jüdischer Abkunft gewesen, berührt und zu unbewussten Konflikten geführt haben. Gay legt eine panische Angst Wagners davor nahe, selbst Jude oder Halbjude gewesen zu sein, und bezeichnet seinen vollmundigen, destruktiven Judenhass als einen möglichen psychischen Abwehrmechanismus gegen die Angst vor der eigenen tiefen Verbindung zum Judentum.[126] Und auch Gradenwitz sieht die tieferen Gründe für Wagners »Groll, der ihm im Blute liegt«[127], sowie für Cosimas weit stärker ausgeprägten Judenhass in Wagners Vaterkomplex und den Abstammungsunsicherheiten der beiden[128]: »Dass Cosima wie Richard Zweifel an der Deutschblütigkeit ihrer Abstammung hatten, kann ohne

---

[123] Adorno, S. 23.
[124] Vgl. Gradenwitz, S. 79.
[125] Ebd., S. 79 f. Hier finden sich auch weitere einschlägige zeitgenössische Zitate.
[126] Vgl. Gay, S. 253.
[127] Hier bezieht sich Gradenwitz auf ein Zitat aus einem Brief Wagners an Franz Liszt, der nach der Erstveröffentlichung von »Das Judenthum in der Musik« geschrieben wurde: »Ich hegte einen lang verhaltenen Groll gegen diese Judenwirtschaft, und dieser Groll ist meiner Natur so notwendig wie Galle dem Blute.«, wiedergegeben z. B. in Katz, S. 82.
[128] Vgl. Gradenwitz, S. 79.

Zweifel angenommen werden; die Gerüchte waren ihnen bekannt und sie haben sie traumatisch beunruhigt.«[129]

Abbildung 5: Richard Wagner (Karikatur von Karl Klic,
1873 im Wiener Satiremagazin *Humoristische Blätter* veröffentlicht)

Selbsthass

Dass Wagners Selbsthass wahrscheinlich nicht direkt auf eine vermeintliche jüdische Abstammung zurückzuführen ist, wurde im vorigen Abschnitt aufgezeigt. Es gibt aber durchaus noch eine Reihe weiterer Merkmale, die Wagner

---

[129] Ebd., S. 81.

an sich nicht ausstehen konnte. Zum einen ist da seine bereits beschriebene unvorteilhafte Physiognomie, zu der eine Vielzahl physischer Leiden kam: Seit seiner Kindheit wurde Wagner von einem Unterleibsleiden geplagt, er litt an immer wiederkehrenden Hautausschlägen, Verdauungsstörungen und anderen psychosomatischen Erkrankungen, schlief schlecht und hatte Wutanfälle. Gay wie Rattner schreiben die Gründe für viele dieser hartnäckigen Symptome Wagners psychischen Konflikten zu,[130] und auch Gregor-Dellin sieht gerade in der schweren gesundheitlichen Beeinträchtigung Wagners schon als kleines Kind die Wurzel für die ihn sein Leben lang begleitenden Ängste und Sorgen[131].

In der Kreation physisch perfekter Helden in seinen Opern wie Siegfried, Parsifal oder Walther von Stolzing, die vor Gesundheit, jugendlicher Frische und blond-blauäugiger Schönheit nur so strotzen, sieht Weiner die unbewusste Kompensation von Wagners körperlichen Unzulänglichkeiten und seinem physischen Verfall.[132] In einer Zeit, in der Anderssein und -artigkeit in der Gesellschaft geächtet waren, suchte Wagner Gegensätze zu schaffen zu seiner eigenen physischen Identität, die dem damals gängigen Bild vom Juden so gefährlich nahe kam. Auch Nipperdey bemerkt, dass in der damals neu entstehenden bürgerlichen bzw. sich verbürgerlichenden Gesellschaft und Kultur ein gewisser Standard an Normen zu erfüllen war, um dazuzugehören; »Anderssein wurde schärfer als ehedem ein sozialkulturelles Problem.«[133], was eine neue, nationale Abgrenzung gegen die Juden begründete.

Zu Wagners körperlichen Problemen kamen jene Charakterzüge, die er selbst zuweilen nicht ganz ernst als ›jüdische Eigenheiten‹ bezeichnete, die aber besonders auch sein Umfeld immer wieder irritierten bis hin zur Konsternation.

---

[130] Vgl. Gay, S. 260, und Rattner, S. 233 ff.
[131] Vgl. Gregor-Dellin, S. 24.
[132] Vgl. Weiner, S. 11.
[133] Nipperdey, S. 290.

Seine notorische Geldknappheit gehörte dazu, seine Verschwendungssucht und die damit verbundene Notwendigkeit, immer wieder scham- und rücksichtslos alle und jeden anzupumpen, seine Neigung zu Schmeichelei (siehe Meyerbeer!), Prahlerei, Lügen und Luxus, seine Verweichlichung und seine eifrigen Versuche, verheiratete Frauen zu verführen. Gay sieht die Voraussetzung dafür, dass sich Wagner mit reinem Gewissen so benehmen konnte, in der Fähigkeit, seine Einstellung und sein Verhalten auf andere projizieren zu können, »so dass er den Juden genau die nachteiligen Eigenschaften wünschte, die er mit gutem Grund bei sich selbst erkennen konnte.«[134] Gradenwitz bringt in diesem Zusammenhang eine kleine Sammlung zeitgenössischer Zitate, die zeigen, wie diese Versuche aufgenommen wurden, etwa: »dieser arrogante Judenbengel hat mit dem Aufsatze ›Das Judenthum in der Musik‹ nur eine Charakteristik seiner selbst gegeben«, oder: »Im Sinne seiner Broschüre erscheint er selbst als der größte Jude«, oder: »der kleine Reformator mit der großen, jedenfalls nicht germanischen Nase«.[135]

Rose weist darauf hin, dass Wagner die Lösung seiner Geldprobleme oft ironisch als »Erlösung« oder »Auflösung« bezeichnet und beizeiten Meyerbeer (zumindest auf der Ebene der Finanzen und der Gefälligkeiten) zu seinem »Erlöser« ernannt habe. Somit habe er, psychologisch betrachtet, mit den Angriffen gegen Meyerbeer in »Das Judenthum in der Musik« und anderen Schriften das Problem des eigenen ›Judeseins‹ gelöst, indem er nun die Schuld an seiner Geldgier einem Typus des ›Jüdischen‹ zuschreiben konnte, »den er durch Zurückweisung Meyerbeers, des Juden schlechthin, in sich selbst vernichtet hatte.«[136]

Auch Fischer kommt zu der Einschätzung, dass Wagners Hass auf Meyerbeer das Ergebnis von Selbsthass war, da jener ihm »das lebende Mahnmal für die dunkelste und

---

[134] Gay, S. 256 f.
[135] Vgl. Gradenwitz, S. 79, 82.
[136] Vgl. Rose, S. 136.

peinlichste Periode seines Lebens«[137] war, nämlich für all seine Enttäuschungen in Paris, auch während seines zweiten unrühmlichen Aufenthaltes dort 1850, für seine einstige glühende Verehrung Meyerbeers mit seinen kriecherischen Annäherungsversuchen sowie für seine missglückten Versuche, jenem nachzueifern, Meyerbeer sogar zu »übermeyerbeeren«. Insofern sieht Fischer in der literarischen Vernichtung Meyerbeers einen Akt der Selbstreinigung, eine »Katharsis besonderer Art«[138], nicht zuletzt, um sich gegen Vergleiche mit dem Werk des Älteren zu wehren.

Gay kommt zu dem Schluss, dass Wagner trotz aller Bemühung dem nicht entkommen konnte, der er keinesfalls sein wollte und zum Teil doch war: der ewig umherirrende, Erlösung suchende Ahasverus, den er am Ende seines Aufsatzes in einem Atemzuge mit dem Untergang beschwört.[139] Und auch Adorno sagt über Wagner, er fliehe die Welt der Opfer, zu der er selbst gehöre.[140]

Selbstbild/Größenwahn

Wagners Koketterie mit den eigenen Charaktereigenschaften spiegelt aber auch sein überhöhtes, anmaßendes Selbstbild am Rande des Größenwahns wider, demzufolge er es sich offenbar herausnehmen konnte, zumindest einige dieser Züge auch noch offen zur Schau zu tragen. Adorno spricht von »Geschwätzigkeit und Selbstbewunderung, die allenthalben das Werk Wagners beeinträchtigt«[141].

Wagner sah sich selbst als den Erlöser Deutschlands und der deutschen Kultur, und der Erlösungsgedanke stellt ein zentrales Thema in seinem gesamten Werk dar. Wie er aber in »Das Judenthum in der Musik« dargelegt hat, sind die Juden praktisch von der Erlösung ausgeschlossen.[142]

---

[137] Fischer: *›Das Judentum in der Musik‹*, S. 73.
[138] Ebd.
[139] Vgl. Gay, S. 260.
[140] Vgl. Adorno, S. 27.
[141] Ebd., S. 122.
[142] Vgl. Gay, S. 259 f.

Die (Haupt-) Rolle, die Wagner sich bei einer bevorste-
henden Menschheits- und Kunstrevolution selbst zudachte,
wurde bereits im Abschnitt über die Revolution 1848/49
beschrieben. Er sah sich als »der deutscheste Geist« und
fühlte sich als Schöpfer eines eigens für die christliche, deutsche Welt geschaffenen Gesamtkunstwerks, das er durch
jüdische Agitation und Sabotage unterwandert und gefähr-
det glaubte.[143] Dazu scharte er in Bayreuth einen Kreis er-
gebener Anhänger um sich, die an sein Ideal glaubten, die
gesamte gesellschaftliche und politische Ordnung durch die
gestaltende Kraft von Kunst zu reformieren.[144] Wagner sah
sich dabei einerseits als »Werkzeug des Schicksals«, als
Mittler höherer Mächte, und andererseits als Meister in der
wirklichen Welt mit den entsprechenden Qualitäten.[145]

Seine von Extremen geprägte Rhetorik, sein Insistieren auf
absoluten Werten und die augenfällige Freude am völligen
Untergang seiner Feinde deuten – so Gay mit Verweis auf
Freud – auf unterdrückte Sexualität und Aggressionen hin.
Untergangsphantasien seien in der Psychoanalyse ein typi-
sches Symptom schizophrener Persönlichkeiten im aufge-
regten Zustand.[146]
   Wagner dachte nicht in kleinen Kategorien, wie die Pla-
nungen für das Bayreuther Festspielhaus zeigen; er ver-
stand sich – wie es seit Goethes *Werther* unter Künstlern
jeglicher Kunstform aufkam – als Teil einer Elite, und sein
Ehrgeiz ging ins Grenzenlose. Dabei war das – bürgerliche
und trotz allem zu einem nicht unwesentlichen Teil jüdische
– Publikum fast nebensächlich, ja, Wagner verachtete es
sogar, weil es seine Kunst nie würde richtig verstehen und
würdigen können.
   Anflüge von Bescheidenheit wurden durch sein Verhalten konterkariert. Gay zitiert aus einem Brief an Franz Liszt:

---

143 Vgl. Gradenwitz, S. 78.
144 Vgl. David Clay Large: »Ein Spiegelbild des Meisters? Die Rassenlehre
    von Houston Stewart Chamberlain« in: *Richard Wagner und die Juden*,
    hrsg. v. Dieter Borchmeyer u. a., Stuttgart 2000, S. 144.
145 Vgl. Gay, S. 254.
146 Vgl. ebd., S. 253 f.

» – aus Grösse, Ruhm und Volksherrschaft mache ich mir gar nichts.«, und fügt an: »Wenn irgendeiner mit Größe, Ruhm und Herrschaft über das Volk etwas anfangen konnte, dann Richard Wagner.«[147]

Dass er sogar das Vertrauen und die Unterstützung eines Königs gewann, nämlich Ludwigs II. von Bayern, muss Wagner mit ungemeinem Stolz erfüllt haben. Über Ludwig hoffte er, endlich auch an politische Macht zu gelangen, um seine politischen Vorstellungen und Ideen, die er in den vergangenen Jahrzehnten mit sich herumgetragen und in seinen Schriften entworfen hatte, realisieren zu können. Dass jener allerdings für seine antisemitischen Tiraden so gar nicht empfänglich war und diese einfach ignoriert hat, machte ihn zornig.[148]

Wie wir bisher gesehen haben, war Wagner aber trotz seiner hohen Meinung von sich selbst äußerst leicht zu kränken und aus der Fassung zu bringen, was auf eine unbewusste innere Unsicherheit, auf Minderwertigkeitskomplexe sowie Tendenzen zur Selbsttäuschung hindeutet. Auch kritikfähig war er nicht; er überwarf sich immer wieder mit Freunden und Anhängern wie seinem späteren schärfsten und eloquentesten Kritiker Eduard Hanslick, mütterlicherseits jüdischer Abstammung, den er in den *Meistersingern* sogar ursprünglich karikieren wollte. Fischer sieht Hanslick gar als letzten Impuls für die Neuveröffentlichung von »Das Judenthum in der Musik« 1869, nachdem dieser in der Wiener *Neuen Freien Presse* die Münchner Uraufführung der *Meistersinger* verrissen hatte.[149]

Und für Gay erscheint der Antisemitismus bei Wagner zwar nicht als eine zwingende, aber doch plausible Option als Teil seiner selbstgefälligen Einstellung. Denn so ließ sich mit der zeitgenössischen Kultur und dem Bürgertum abrechnen und die Schuld an allem Bösen seiner Zeit den

---

[147] Ebd., S. 255.
[148] Vgl. Fischer: »DAS JUDENTUM IN DER MUSIK«, S. 44.
[149] Vgl. Fischer: ›Das Judentum in der Musik‹, S. 101.

Juden zuschieben.[150] Seine nationalistische Selbstversessenheit entschädigte ihn dabei gleichzeitig für erlebte Erniedrigungen und Enttäuschungen[151].

Judentum als Sündenbock

Wie in den vorangegangenen Abschnitten gezeigt wurde, tendierte Wagner zu irrationalen Reaktionen und hatte eine gewaltige Selbsteinschätzung, während er für Rückschläge und Missgeschicke am liebsten bei allen anderen die Schuld suchte, nur nicht bei sich selbst. Es mag daher für ihn nahegelegen haben, nicht nur einzelnen Personen wie Meyerbeer, Hanslick oder Mendelssohn Dinge in die Schuhe zu schieben, sondern am besten gleich dem ganzen ›Stamm‹, dem sie zugehörten. Vermutlich war das sogar in gewisser Weise logisch für ihn.

Seine erste, unglückliche Liebe zu der erst 15 Jahre alten jüdischen Bankierstochter Leah David im Jahre 1828, die er so lange anschwärmte, bis er Besuch von ihrem Verlobten bekam, sieht Gregor-Dellin als Urform in einer langen Reihe unglücklicher Liebschaften.[152] 1836 folgte ein Schock, als er um seine spätere erste Frau Minna werbend den jüdischen Kaufmann Schwabe kennenlernte und herausfand, dass jener Minnas Geliebter gewesen war. Das warf er ihr noch lange vor.[153] Sicherlich waren dies wichtige Schritte auf dem Weg zu Wagners heilloser »Identifikation des Juden mit allem Übel«[154], die ihn zuweilen ganz überwucherte, zu dieser »ewigen Ersatz-Aggression«[155]. »Es gab nichts, wofür man die Juden nicht verantwortlich machen konnte«[156], stellt Katz fest, und die von ihm projizierte Feindschaft zwischen ihm und den Juden diente ihm immer wieder als

---

[150] Vgl. Gay, S. 256.
[151] Vgl. Mork, S. 80.
[152] Vgl. Gregor-Dellin, S. 67.
[153] Vgl. ebd., S. 119, 121.
[154] Ebd., S. 766.
[155] Ebd., S. 314.
[156] Katz, S. 151.

Erklärung für Rückschläge und Misserfolge in seinem Privatleben und in seiner künstlerischen Karriere.[157]

Fischer sieht in Wagners Rückschlägen und seinem politischen Scheitern in Bayern, das mit seiner Vertreibung von dort 1865 und seiner erneuten Flucht ins Schweizer Exil 1866 endet, sowie in der Wut über die Vereitelung seiner Pläne, zusammen mit König Ludwig II. die ›jüdische Gefahr‹ zu bannen, die Gründe dafür, dass Wagner nach einem Sündenbock suchte: »Die Suche war schnell abgeschlossen und mündete in die Neuedition des ›Judentum in der Musik‹.«[158]

Es hatte sich also nichts geändert – Rose sieht bereits die Erstveröffentlichung unter ähnlichen Vorzeichen: »Als Ursache für seine anhaltende Pechsträhne machte er das jüdische Profitstreben aus [...]«[159] Auf emotionaler Ebene schuf er sich mit seinem Antisemitismus »ein Ventil für seinen Hass und seine Ressentiments und konnte nun seinen Groll auf ein plausibles und intellektuell befriedigendes Objekt richten.«[160]

Verschwörungsängste/Paranoia

Richard Wagner steigerte sich in seiner Zuordnung allen Übels zu den Juden immer wieder in Verschwörungsängste bis hin zu einem regelrechten Verfolgungswahn hinein, vor allem in Zeiten, in denen es ihm finanziell oder beruflich schlechter erging. »Überall wittert er Juden, welche ihm auflauern und ihn zu vernichten trachten«, zitiert Gradenwitz einen Zeitgenossen Wagners.[161] Gregor-Dellin hält fest, dass Wagner bereits in seiner Kindheit tiefsitzende Ängste hatte und Schreckliches träumte – »er wurde diese Träume nie ganz los. Er sah Gespenster.«[162]

---

[157] Vgl. ebd., S. 102.
[158] Fischer: ›*Das Judentum in der Musik*‹, S. 101 f.
[159] Rose, S. 120.
[160] Ebd., S. 137.
[161] Gradenwitz, S. 84.
[162] Gregor-Dellin, S. 28.

Hans-Joachim Hinrichsen spricht von »Wagners antijüdischer Paranoia«[163]; dass die »Machinationen der Juden« die Ursache für sein erneutes Scheitern in Paris 1850 waren, war für Wagner ebenso klar, wie dass jegliches an Unverständnis und Misserfolgen seine Musik betreffend den »die Oper, die Kultur, die Finanz und die Presse beherrschenden Juden«[164] zuzuschreiben sei. Er glaubte mindestens seit der *Struensee*-Affäre zwischen Laube und Meyerbeer tatsächlich an die Judenkonspiration,[165] und dieser Glaube verleitete ihn zu geradezu grotesken Gedankengängen, wie Katz darlegt: In Reaktion auf die – tatsächlich fast unbemerkt gebliebene – Erstveröffentlichung des »Judenthum«-Aufsatzes hätte sich eine Phalanx aus internationaler Musikkritik und Musikbetrieb gebildet (beide natürlich von den gegen seine Person, seine Musik, sein Werk organisierten Juden durchsetzt), die alle möglichen Aufführungen von Wagners Stücken ignoriert, sabotiert oder verrissen hätte. Und gerade das Schweigen dabei über den Judenartikel sei ein Zeichen der bewussten Bezugnahme und Verabredung gewesen.[166] »Die Juden wollten der Auseinandersetzung mit der im Aufsatz an ihnen geübten Kritik aus dem Weg gehen und täuschten andere Beweggründe für ihre Ablehnung der Wagnerschen Kunstrichtung vor.«[167] Insofern war die Wiederveröffentlichung auch als Aufklärung der Anhänger Wagners gedacht über die ansonsten völlig unerklärliche Gegnerschaft gegenüber seiner Kunst.

Als nun jedoch ironischerweise genau das eintrat, was Wagner für 1850 behauptet hatte, nämlich ein gewaltiger Sturm von massiver Kritik und lautem Protest gegen ihn und sein Werk, war das für ihn wiederum gerade die Bestätigung seines Verfolgungswahns.[168]

---

[163] Hinrichsen, S. 84.
[164] Gradenwitz, S. 78, zitiert aus einem Brief Wagners an Liszt von 1851.
[165] Vgl. Katz, S. 117.
[166] Vgl. ebd., S. 109 ff.
[167] Ebd., S. 109.
[168] Vgl. Fischer: »DAS JUDENTUM IN DER MUSIK«, S. 47 f.

Die Entwicklung von Wagners Denken von den antijüdischen Ressentiments in der Schrift des Jahres 1850 zur Verschwörungstheorie, schließlich zur antijüdischen Paranoia fand Fischer zufolge in den Jahren um 1865 statt, als er versuchte, politischen Einfluss auf Ludwig II. zu nehmen und diesen vom schädlichen Einfluss der Juden zu überzeugen. Dass er mit seinen Umtrieben selbst maßgeblich seine Vertreibung aus München verursacht hatte, wollte er nicht sehen, sondern witterte auch diesmal »wie alle Antisemiten«[169] eine Verschwörung gegen sich. Die drei ›J‹ sorgten dabei für das Missergehen ganz Deutschlands: Juden, Jesuiten (als Synonym für die ganze katholische Kirche) und Junker.[170] (Ein viertes ›J‹, wenn auch für Wagner nur ein persönliches, ist sicherlich in den Journalisten zu sehen.) Wieder im Exil, reifte bis zur Wiederveröffentlichung 1869 in ihm der Entschluss, die Welt wissen zu lassen, wer und was hinter diesen bedauerlichen Ereignissen stand. Hanslicks bereits erwähnte *Meistersinger*-Kritik sieht Fischer nur als letzten Ausschlag zu seinem Entschluss.

Später stellt Fischer fest, dass es neben ganz normaler Kritik an Wagner im Musikbetrieb mitnichten eine vom organisierten Judentum gelenkte europaweite Kampagne gegen ihn gab. Diese »existierte nur in der ins Paranoide hinüberspielenden Phantasie des angeblichen Opfers einer ›umgekehrten Judenverfolgung‹. Es sind solche Wahnvorstellungen, die den konsequenten Antisemiten von einem Menschen mit partiellen antijüdischen Vorurteilen unterscheiden.«[171]

Emanzipation/Assimilation

Wagner war noch keine 20 Jahre alt, als Anfang der 1830er Jahre mit dem liberalen Auftrieb auch eine neue, schärfere Welle der Judendebatte einsetzte. Die damaligen öffentlichen Diskussionen über die zukünftige Strategie der Eman-

---

[169] Ebd., S. 45.
[170] Vgl. Fischer: ›*Das Judentum in der Musik*‹, S. 94 ff.
[171] Ebd., S. 107.

zipationsgegner und das erstrebte Maß der Assimilation – völlige Gleichstellung oder nicht? – prägten sicherlich die Eindrücke und Vorstellungen des jungen Wagner über die Juden und das Judentum.[172]

Mit der fortschreitenden Emanzipation der Juden in den folgenden Dekaden war auch die öffentliche Auseinandersetzung um die Judenfrage verbunden. Scholz weist auf Wagners großes Unbehagen bei dem Gedanken hin, die Juden könnten gegenwärtig oder zukünftig die Deutschen durch ihr Aufstreben in neue Positionen des öffentlichen und künstlerischen Lebens beherrschen, und sieht in seiner Beschäftigung mit der Emanzipation die erste von fünf Stufen in der Entwicklung von Wagners antisemitischem Denken – deren letzte schließlich die Abwendung von Gobineaus Rassentheorien ist.[173] Die mit der gesellschaftlichen Emanzipation einhergehende rechtliche Gleichstellung der Juden sah Wagner daher mehr als skeptisch. Er stand damit nicht allein da – in der Einleitung wurde bereits auf allgemeine Tendenzen seiner Zeit, auch unter Intellektuellen, hingewiesen. Kein Wunder, dass Wagner zum Anhänger der politischen Romantik in Deutschland wurde, welche die Überlegenheit des christlich-germanischen Volksgeistes als Argument gegen den Gleichheitsgrundsatz vorbringt. Auf diese Weise konnte er auch als – vorerst – Liberaler unter Bezugnahme auf die »Stimme des Volkes« seine antiemanzipatorischen Vorbehalte rechtfertigen und seiner »antijüdischen Haltung eine scheinliberale und pseudodemokratische Legitimation« geben.[174] Für Heinrich Laube im Jungen Deutschland bedeutete Emanzipation den Zwang zur Assimilation unter Aufgabe der eigenen kulturellen Identität, auf dass das Judentum langfristig unter dem Konformitätsdruck verschwinde.[175] Dass die grundsätzliche Bejahung der Juden-emanzipation also keineswegs eine gleichzeitige Abneigung gegen Juden und Judentum ausschließt, zeigt z. B.

---

[172] Vgl. Katz, S. 22.
[173] Vgl. Scholz, S. 88 ff.
[174] Vgl. Mork, S. 112.
[175] Vgl. ebd., S. 113.

auch Karl Marx' Schrift *Zur Judenfrage* von 1844. Eine solche Verbindung, die unter anderem Wagners widersprüchliche Äußerungen erklären hilft, war sogar geradezu charakteristisch für die Wagnerschen Entwicklungsjahre.[176]

Mit der Neupublikation von »Das Judenthum in der Musik« platzte Wagner nun für viele völlig überraschend in eine der ruhigsten und erfolgreichsten Phasen der jüdischen Assimilation herein. Doch genau dieser fast unbemerkte, schleichende Prozess erfüllte ihn mit großer Angst und Sorge vor der fortschreitenden Akkulturation. Während für viele die Erfolge der Assimilationsbewegung, nämlich die schrittweise Gleichstellung in immer weiteren Landesteilen, der lang ersehnte Durchbruch waren, machten sie Wagner rasend wütend. Das lässt sich damit erklären, dass er ohnmächtig mitansehen musste, »wie der in seinen Augen verhängnisvolle Einfluss des Judentums in allen Bereichen der Kultur und Politik sich stetig vergrößerte.«[177] Diese Entwicklung, gepaart mit dem *Tannhäuser*-Skandal 1861 in Paris (die Aufführung geriet in Anwesenheit des Komponisten zu einem Fiasko, woran in Wagners Augen selbstverständlich niemand anders als Giacomo Meyerbeer höchstpersönlich und die vermeintlich in seinen Händen liegende Presse schuld waren), und schließlich die eineinhalb Jahre in München, in denen sich Ludwig II. so absolut immun gegen Wagners antisemitische Ideen gezeigt hatte, sieht Fischer als den Grund dafür, dass Wagners alter Hass gegen die Juden wieder aufloderte.[178]

(Kritik an der) Moderne

1850 schrieb Wagner an seine Frau Minna: »Für jetzt ist die moderne Welt hinter mir geschlossen, denn ich hasse sie und mag nichts mehr mit ihr, noch mit dem was man heut zu Tage in ihr ›Kunst‹ nennt, zu thun haben.«[179] Wagners Verachtung traf nicht nur das Bürgerliche, sondern auch

---

[176] Vgl. Katz, S. 25 f.
[177] Fischer: ›*Das Judentum in der Musik*‹, S. 91.
[178] Vgl. ebd., S. 93.
[179] Brief an Minna Wagner, zitiert nach Gay, S. 256.

und besonders das zeitgenössische, seichte Kunstverständnis. Er als selbstproklamierter Erschaffer einer neuen Welt und einer neuen Kunst musste sich davon distanzieren, modern zu sein, und war damit in einem Paradoxon gefangen, denn was anders als modern sollte denn seine radikal neue Kunst, sein *Kunstwerk der Zukunft* sein?

In seiner Zeitkritik zeigt sich ein Antimodernismus, der sich gegen all die Phänomene der Moderne richtet: Individualismus, Nützlichkeitsdenken, Spekulanten und Geldfabrikanten, Dokumente und Verträge,[180] die in Wagners Augen die Geißel der modernen Gesellschaft waren. In seinen vorrevolutionären Jahren wurden unter frühsozialistischem Einfluss Kapitalismus, Rationalismus und Liberalismus zu gefürchteten Gespenstern. »Der Wagnersche Antisemitismus ist zu einem Gutteil vorgefundener Marxscher Antikapitalismus«, stellt Scholz fest.[181] Und Wagner setzte genau diese Strömungen, dazu die Herrschaft des Geldes, Symbol der Entfremdung, kurz: alles, was aus seiner Sicht in der modernen bürgerlichen Welt von Übel und damit zu bekämpfen war, gleich mit dem Judentum.

»Geld = Judentum« wurde für ihn zur Grundannahme,[182] das Judentum zum absoluten Symbol für die Herrschaft des Geldes, ja für alles Moderne. Wagner entwarf in den vierziger Jahren die Idee eines neuen Christentums nach utopisch-sozialistischem Muster und zeichnete das Bild einer modernen kommunistischen Gesellschaft, die sich auf freie Liebe, Abschaffung des Geldes und des Egoismus gründet. Dieses ›Neue Christentum‹ sollte also gerade das ›Jüdische‹ der modernen Gesellschaft ersetzen.[183]

Ressentiments gegenüber allen Arten von Kunst, die nach Erfolg beim kulturellen Establishment strebt, waren bei alledem eine selbstverständlich scheinende Begleiterschei-

---

[180] Vgl. Mork, S. 31.
[181] Scholz, S. 158.
[182] Rose, S. 66.
[183] Vgl. ebd., S. 54.

nung. Wagner sah den Geist der wahren deutschen Kunst seit den Zeiten Mozarts und Beethovens im steten Niedergang,[184] und die »Degeneration der zeitgenössischen Kunst, die Auslieferung der großstädtischen Musikkultur an den Marktmechanismus von Angebot und Nachfrage und eine spezielle Vorstellung von der Funktion des ›Judentums‹ in diesem negativen Beziehungsgeflecht gehen in Wagners Zeitdiagnose [...] eine unauflösbare Verbindung ein.«[185] Gregor-Dellin drückt es so aus: »Wagner erlag der Verteufelung der Juden, ja er brauchte sie, zwang sie herbei, weil er nur mit ihr die zeitgenössische Musik verächtlich machen konnte«, nachdem Religion und Politik keine wirklichen Angriffspunkte mehr darstellten.[186]

Wagner, der sich selbst von der Modernität losgesagt hatte, betrachtete das Judentum als ein Synonym für eben diese. Die moderne Welt war für ihn geprägt durch die Macht des Journalismus und des Essayismus, und das Judentum war mit ihr so unlösbar verbunden, weil dieses erst »seit seiner Emanzipation in eine Welt eingetreten sei, von der es bisher ausgeschlossen, deren Traditionsbezüge ihm mithin unvertraut und gleichgültig waren«[187]. Doch erkennt Dieter Borchmeyer: »Je entschiedener Wagner sich in Opposition gegen die Moderne setzte, desto moderner wurde sein musikdramatisches Ausdrucksvokabular«[188], und sieht in Wagners »antimodernistischer, uneingestandener Modernität« einen Schlüssel zu seinem verwickelten Verhältnis zum Judentum, das für ihn jene Modernität repräsentiert.[189]

Einen interessanten und ansonsten unbeachteten Aspekt, der eventuell auch im Abschnitt ›Verschwörungsängste/Paranoia‹ Erwähnung hätte finden können, bringt Hinrichsen ins Spiel. In seinem Artikel »Musikbankiers«

[184] Vgl. Hinrichsen, S. 75.
[185] Ebd., S. 73.
[186] Gregor-Dellin, S. 313.
[187] Borchmeyer, S. 31.
[188] Ebd., S. 32.
[189] Vgl. ebd., S. 33.

geht er auf eine Facette der Wagnerschen Kulturkritik ein, die sich sonst bei keinem Autor findet.

Hinrichsen findet, dass der Zeitpunkt der Erstveröffentlichung des »Judenthum«-Artikels aus dem Exil heraus vor dem Hintergrund von Wagners vorläufigem Scheitern und dem Suchen nach Ursachen dafür kein Zufall war.[190]

Was die Juden für Wagner auszeichnete, war die Kunst des Geldscheffelns, also der geheimnisvollen Vermehrung des Geldes ohne produktives Engagement, der »Geldgewinn ohne eigentliche Arbeit, d. h. der Wucher.«[191] Von dieser angeblich jüdischen Sphäre der Reproduktion – als Sphäre der Ausbeutung der Produktion – fühlte sich Wagner bedroht, und zwar sowohl materiell auf der Ebene von Politik, Gesellschaft und Wirtschaft als auch auf der ideellen Ebene der Kunst und der Musik.[192] Hinrichsen zieht nun einen weiteren Text Wagners hinzu, der im selben Jahr wie die Neupublikation der »Judenthum«-Broschüre, 1869, erschien: *Über das Dirigieren.* Hierin prägt Wagner den auffälligen Ausdruck des ›Musikbankiers‹ und meint damit das Aufkommen eines neuen, speziell mit musikalischer Interpretation befassten Berufsstandes, der den traditionellen Theaterkapellmeister abzulösen begann. In Anlehnung an den Begriff des ›Bankiers‹ bei Marx *(Zur Judenfrage)* ist der ›Musikbankier‹ also Wagners »antijüdisch konnotierter polemischer Begriff für den Interpreten als den praktischen Agenten musikalischer Reproduktion und Zirkulation«[193], der selbst nichts Neues zu schaffen imstande ist, während Wagner selbst sich als dezidiert schöpferischen Interpreten, z. B. Beethovens, empfunden haben muss. Der Prototyp dieser neuen Schule professionell ausgebildeter Dirigenten ist für Wagner Mendelssohn Bartholdy, einer der wichtigsten Vertreter für Wagners »Musikjudentum« schon im Artikel von 1850. Dass dessen soziale Herkunft in einer Bankiersfamilie lag, machte die Sache nur noch einleuchtender.

---

[190] Vgl. Hinrichsen, S. 73.
[191] Zitat aus Wagners »Das Judenthum in der Musik« in: Fischer: ›Das Judentum in der Musik‹, S. 153.
[192] Vgl. Hinrichsen, S. 77.
[193] Ebd., S. 80.

Wagner scheint von einer tiefgreifenden Korruption des deutschen Musiklebens überzeugt gewesen zu sein; ›Musikbankiers‹ waren in seiner interpretations-ästhetischen Polemik die das deutsche Musikleben beherrschenden Dirigenten, die aus der Nivellierung musikalischer Qualitäten Mehrwert schlugen,[194] die ›unproduktiven Profitmacher‹ in der Zirkulationssphäre der Musik.

Hinrichsen vergleicht Wagners Situation 1869 mit der um 1850: Wieder befand sich Wagner im Exil und musste tatenlos zusehen, wie (in seinen Augen teils unbefugte) Dritte seine Werke zur Aufführung brachten und interpretierten. Sein Problem waren die Unbeeinflussbarkeit und Ohnmacht dabei; er hatte Angst vor der Entstellung seiner Werke, seines künstlerischen Vermächtnisses bis zur Unkenntlichkeit durch die Interpreten. Wagners Ansicht nach steht und fällt ein Werk mit der Interpretation. Nur deshalb konnte seine Besorgnis auch um die Zukunft seiner musikalischen Hinterlassenschaft ein solch aggressives Potential entfalten – es handelte sich für ihn um ein existentielles Problem! Auch darin sieht Hinrichsen einen Grund für Wagners antijüdische Paranoia, in die er sich immer stärker hineinsteigerte. Insofern ist die

> Absicht zur Wiederauflage des ›Judentum‹-Textes als die Verzweiflungstat eines zum zweiten Mal seiner praktischen Wirkungs- und Äußerungsmittel Beraubten zu deuten, der sich nach seinem erzwungenen Rückzug aus München in fast derselben Situation befindet wie fast 20 Jahre zuvor nach der Flucht aus Dresden. Der also der Möglichkeit, die Substanz seines Werkes in angemessener Form zur Erscheinung zu bringen, nur noch geringe bis gar keine Chancen mehr einräumt, und zwar – das ist der entscheidende Punkt – durch die Auslieferung seines Œuvres an eine Interpretationskultur, die er paranoiderweise als grundlegend ›jüdisch‹ beeinflusst empfindet.[195]

---

[194] Vgl. ebd., S. 82.
[195] Ebd., S. 84 f.

Traditionelle Vorurteile

Nicht zuletzt muss als weitere Quelle für Richard Wagners antijüdisches Denken das genannt werden, was er in seiner Umwelt an bereits bestehenden Vorurteilen und Ressentiments vorfand und was ihn sicherlich seit seiner Kindheit mitgeprägt hat.

Alltägliche Beobachtungen und weitverbreitete (christliche) Vorurteile gegenüber Juden und jüdischen Künstlern, die Wagner über die Jahre verinnerlicht hatte, sieht Scholz als eine wichtige Zutat in der Mischung, die zur ursprünglichen Verfassung des »Judenthum«-Artikels führte.[196] Auch Katz schreibt, es hätte sich vieles von dem, was zu jener Zeit gegen die Juden gesagt wurde, in Wagners Bewusstsein festgesetzt, »um dann in seiner anti-jüdischen Phase zum Durchbruch zu kommen«.[197]

Zunächst war da das damals verbreitete Bild der geldscheffelnden Wucherjuden, das Wagner wie im letzten Abschnitt beschrieben auch auf die Musik übertrug. Dazu kam der idiosynkratische Glaube an das physisch manifestierte Anderssein der Juden.[198] Außerdem ahmte Wagner Approbiertes nach,[199] und Fischer stellt fest, dass er mit seinem Pamphlet von 1850 und vielen seiner Argumente »viel weniger eigenständig und revolutionär in bezug auf das ›musikalische Judentum‹« war, »als er das später selbst gerne gesehen hat.«[200] So nennt Fischer als den eigentlichen Erfinder der antijüdischen Kampagne in der *Neuen Zeitschrift für Musik* Theodor Uhlig, dessen Polemik Wagner ausgeweitet habe, wobei er das Thema fand, das ihn bis zum Ende seines Lebens nicht mehr losließ. Fischer legt anhand zahlreicher Beispiele aus Primärquellen auch dar, dass Wagners Kernthesen von der Hässlichkeit der jüdischen Sprache und ihrer angeblichen Unfähigkeit zum wahren Ausdruck, insbesondere auf künstlerischer und musikalischer Ebene durch-

---

[196] Vgl. Scholz, S. 86, 152.
[197] Katz, S. 40 f.
[198] Vgl. Weiner, S. 8.
[199] Vgl. Adorno, S. 27.
[200] Fischer: ›*Das Judentum in der Musik*‹, S. 28.

aus nicht neu waren und dass sich Wagner hier argumentativ teilweise auf ausgetretenen Pfaden bewegte.[201] Weder sei die Abscheu vor der Synagogenmusik eine Erfindung Wagners gewesen,[202] noch war er der erste Kritiker Mendelssohns[203] oder Meyerbeers[204] – auch, was deren jüdische Herkunft und vermeintlich daraus ableitbare Eigenschaften und Fähigkeiten bzw. Unfähigkeiten betrifft. Dass sich Teile von Wagners Argumentation gegen die Juden in fast wörtlicher Übereinstimmung mit Laubes älterer Reaktion auf die *Struensee*-Affäre befinden, ist für Katz ein »philologischer Beweis dafür, dass seine antijüdischen Ausfälle zwar individuellen Motiven entsprangen, aber sich doch aus historisch vorgegebenen Quellen speisten.«[205] Und Rose bemerkt, dass selbst der Rückgriff auf das Mythologem vom Ewigen Juden Ahasver in seinem berüchtigten Schlusssatz von »Das Judenthum in der Musik« nach Heineschem Muster geschah.[206]

Fischer kommt zu dem Schluss, dass im Prinzip alle wesentlichen Argumente seiner Schrift bereits früher vorhanden waren und in älteren Belegen nachweisbar sind. Wagner zeigt sich somit durch die Übernahme kommuner Argumentationsmuster als wenig origineller Autor, der stark abhängig von Vorgeformtem war.[207]

Cosima Wagner

Cosima von Bülow, geborene de Flavigny, die nichteheliche Tochter von Franz Liszt, lernte Wagner, damals 49, bereits 1862 im Alter von gerade 25 Jahren kennen. Ein Jahr später gestanden sie sich ihre Liebe, wobei Cosima zukünftig über mehrere Jahre hinweg ein Doppelleben zu führen begann, denn sie war weiterhin mit Wagners engem Freund Hans

---

[201] Vgl. ebd., S. 45-58.
[202] Vgl. ebd., S. 52 ff.
[203] Vgl. ebd., S. 54 ff.
[204] Vgl. ebd., S. 43, 30.
[205] Katz, S. 36.
[206] Vgl. Rose, S. 58.
[207] Vgl. Fischer: ›*Das Judentum in der Musik*‹, S. 57 f.

von Bülow verheiratet. 1865 kam ihr erstes gemeinsames Kind Isolde zur Welt, aber erst 1867 verließ sie von Bülow, um fortan mit Wagner zusammenzuleben. 1870 heirateten Cosima und Richard Wagner, und sie, die 24 Jahre jünger als er war, überlebte ihn um 47 Jahre, bis sie 1930 in Bayreuth starb.

Abbildung 6: Richard und Cosima Wagner
(Fotografie von Fritz Luckhardt, 1872)

Am 1. Januar 1869 setzen ihre Tagebücher ein, in denen sie minutiös ihre Erlebnisse und Gespräche um und mit Richard festhielt. Es handelt sich dabei um einen Reflex biographischen Erlebens, auch die widersprüchlichen und bzw. oder verwerflichen Äußerungen Richards sind zumeist unkommentiert wiedergegeben, was die Aufzeichnungen zu einer wichtigen Quelle biographischer Fragen macht.[208] Auch die Entstehung der Neupublikation von »Das Judenthum in der Musik« und die ersten Reaktionen darauf sind sehr genau dokumentiert wie überhaupt die Entwicklung des Wagnerschen Antisemitismus von 1869 bis zu seinem Tode 1883.

Dass Cosima ihren eigenen Antisemitismus mit in die Beziehung brachte, der dem ihres Gatten nicht nachstand, ist unbestritten. Beide, vor allem aber Cosima, waren von einem Trauma im Hinblick auf die Rolle der Juden im Geistesleben ihrer Zeit besessen;[209] dass aber sie die treibende Kraft hinter dem Neudruck gewesen sein könnte, bestreitet Fischer.[210]

Ganz anders Scholz, dessen Hauptthese in seinem Buch ist, dass Cosima Wagner seit 1869 »der verborgene Motor der neuerlichen antisemitischen Veröffentlichungen Richard Wagners gewesen ist«[211], auch auf inhaltlicher Ebene, und dass sie sicherlich einen Anteil an der Wiederveröffentlichung des »Judenthum«-Textes habe.[212]

Cosima wuchs ohne ihre Eltern auf und wurde streng autoritär, aristokratisch-katholisch erzogen. Scholz attestiert ihr eine geradezu einfältig zu nennende Art blinder Vorurteilsgläubigkeit, die Unfähigkeit zu selbständiger Urteilsbildung und gedanklicher Differenzierung sowie Unsensibilität und sublimen Machtwillen. Ihren Antisemitismus nennt er affektiv und vermutet die Wurzeln seines spezifischen Charakters in einer Projektion ihrer immensen Schuldgefühle Hans von Bülow gegenüber sowie als Ventil eines extremen Unwertgefühls ihrem vergötterten Meister Richard Wagner gegenüber.[213]

---

[208] Vgl. Scholz, S. 67.
[209] Vgl. Gradenwitz, S. 78.
[210] Vgl. Fischer: *Das Judentum in der Musik*, S. 102.
[211] Scholz, S. 83.
[212] Vgl. ebd., S. 138.
[213] Vgl. ebd., S. 73 f.

Diese Minderwertigkeitskomplexe kompensierte Cosima, indem sie versuchte, Richard mit ihren eigenen Vorstellungen, ihren Wünschen und ihrem Glauben zu beeinflussen, somit auf sein künstlerisches und schriftstellerisches Schaffen einzuwirken und sich im Resultat insgeheim einen Anteil an der Entstehung seiner Werke zuzuschreiben. Dabei impfte sie ihn mit ihren religiösen, aristokratischen, antifranzösischen und antijüdischen Vorstellungen und nutzte gleichzeitig geschickt seine ideologischen Ambivalenzen und Anfälligkeiten sowie seine antisemitischen Vorurteile aus.[214] Scholz zitiert Horst Althaus: »Cosimas Anteil an dem, was unter dem Bayreuther Wagner zu verstehen ist, kann von den ersten Anfängen an nicht hoch genug veranschlagt werden.«[215]

Scholz sieht Richard nun ganz unter ihrem energisch-dominanten Einfluss. Cosima erledigte von 1869 an Richards geschäftliche Korrespondenz, übernahm die Finanzen und leistete engagierte Öffentlichkeitsarbeit für ihren Mann und seine Projekte, nicht zuletzt die Bayreuther Festspiele.

Dass Wagners neuerliche schriftstellerische Aktivitäten in Sachen Antisemitismus nach einer so langen Pause seit 1850 gerade mit dem Beginn seines Zusammenlebens mit Cosima 1869 zusammenfielen, sieht Scholz als Beleg dafür, dass sie seine neuen antisemitischen Schriften wahrscheinlich nicht nur anregte, sondern auch in ihrem eigenen Sinne direkten Einfluss auf deren inhaltliche Gestaltung nahm. Insbesondere ihre maßgebliche Mitschuld an der Zweitpublikation von »Das Judenthum in der Musik« meint Scholz anhand ihrer unmissverständlichen Tagebuchaufzeichnungen aus jener Zeit belegen zu können.[216]

Einen anderen Aspekt in Bezug auf die Beziehung zwischen Richard und Cosima führt Rattner an: Beide hatten eine problematische Abstammung beziehungsweise einen unste-

---

[214] Vgl. ebd., S. 78.
[215] Ebd., S. 79.
[216] Vgl. ebd., S. 80 ff.

ten Lebenswandel, so dass es ihnen ein Bedürfnis war, ihre Komplexe diesbezüglich zu kompensieren und »sich als vollwertig im ›Vaterland‹ und in der ›guten Gesellschaft‹ einzuwurzeln.« Die Integration in die ›vornehme Welt‹, zu der beide so gerne gehören wollten, gelang ihnen, indem sie sich mithilfe des Antisemitismus bei der Oberklasse anbiederten, die, so Rattner, »ohnehin ›von Natur‹ rassisch denkt«. Mit dem dauernden Sichaufreizen am Judentum – auch im Privaten – habe das Ehepaar somit ein Ritual vollzogen und sich dabei gegenseitig ihres Wohlgeborenseins, ihrer ›Deutschheit‹ und ihrer zumindest ›rassischen Aristokratie‹ versichert.[217]

---

[217] Vgl. Rattner, S. 242.

Synthese

Das Ziel der vorliegenden Analyse ist es nicht, die unterschiedlichen Manifestationen von Richard Wagners Antisemitismus in aller Ausführlichkeit zu beschreiben (das haben die zitierten Autoren bereits geleistet), sondern, die wichtigsten Pfeiler, auf denen der Wagnersche Antisemitismus steht, seine Wurzeln aufzuzeigen, denn:

> Wer so hartnäckig um eine Ideologie des Hasses kreist, bedarf ihrer und kann anscheinend ohne sie nicht leben. Daher muß das antisemitische und rassistische Element in Wagners Persönlichkeit in einem größeren Zusammenhang gesehen werden.[218]

Es hat sich erwiesen, dass es sich bei Wagners Judenhass um ein komplexes Phänomen handelt, das von einer verhältnismäßig großen Zahl von Autoren unter teils sehr unterschiedlichen Aspekten behandelt wurde, wobei es durchaus immer wieder zu Widersprüchen kommt.

Die verschiedenen Faktoren und Ursachen überschneiden sich häufig und sind oft eng und in mehreren Richtungen miteinander verknüpft, was in dieser Arbeit bedingt durch die Art der gewählten Gliederung nur ansatzweise dargestellt werden konnte. Der Fokus lag auf der Benennung der einzelnen Punkte und auf der Darstellung der Ansichten und Erkenntnisse der jeweiligen Autoren dazu. Es ist jedoch selbstverständlich, dass die Ursachen des Antisemitismus bei Richard Wagner nicht voneinander losgelöst betrachtet werden können, sondern erst in ihrem Zusammenspiel dasjenige Phänomen ergeben, welches sich uns heute im historischen Rückblick zeigt.

---

[218] Rattner, S. 241.

Wagners Antisemitismus speiste sich nicht nur aus althergebrachten Vorurteilen, sondern auch aus seinen subjek-
tiven Erfahrungen und der – mehr oder weniger – sachlichen Auseinandersetzung damit; er zeigte sich daneben in
spontanen, affektiven Reaktionen wie in unreflektierten
Äußerungen, denen tiefere seelische Motive zugrundelagen.
Aus dem auf aktuelle Bezüge gründenden, an persönlichen
Konflikten entbrannten Komplex antijüdischer Ressentiments wurde mit der Zeit eine ›schlechte Gewohnheit‹, die
sich zeitweise zu paranoiden Vorstellungen steigerte.

Wagners Judenhass ist keine einheitliche Erscheinung,
sondern zutiefst heterogen und hat daher auch nicht
e i n e n   G r u n d bzw. e i n e   s p e z i f i s c h e   U r s a c h e.
Oder wie es Borchmeyer formuliert:

> Wagners Verhältnis zum Judentum ist jedenfalls
> weit vielschichtiger und ambivalenter als seine
> von kruden Vorurteilen geprägte antisemitische
> Einkleidung vermuten lässt.[219]

Der Umstand, dass über den Wagnerschen Antisemitismus
so enorm viel und in ihren Aussagen diverse bis widersprüchliche Literatur existiert (was auch daran liegt, dass
Primärquellen in großer Fülle zur Interpretation zur Verfü-
gung stehen), sollte allerdings nicht zu dem irrigen Schluss
verleiten, der Antisemitismus anderer Vertreter jener Zeit
(wie der eingangs genannten) sei einfacher gestrickt gewesen, allein weil es vielleicht eben nur einen oder zwei Autoren gibt, die sich damit beschäftigt haben! Antisemitismus
ist immer ein irrationales Phänomen und als solches wohl
niemals einfach oder monokausal zu begründen.

Die sich auftuenden Widersprüche in der Suche nach Be-
gründungen für Wagners Judenhass zeigen aber auch, dass
aus der heutigen Perspektive keine abschließenden Antwor-
ten gefunden werden können. Es scheint ein waches Bewusstsein dafür angebracht, dass es sich selbst bei plausibel

---

[219] Borchmeyer, S. 33.

anmutenden Argumenten und Beweisführungen letztlich um Vermutungen und Spekulationen handelt, auch wenn diese sicherlich häufig nahe an der historischen Realität liegen mögen.

Literaturverzeichnis

ADORNO, Theodor W.: »Versuch über Wagner« in: *Die musikalischen Monographien*, Frankfurt am Main 2003, S. 7-148.

BERMBACH, Udo: »Das ästhetische Motiv in Wagners Antisemitismus« in: *Richard Wagner und die Juden*, hrsg. v. Dieter BORCHMEYER u. a., Stuttgart 2000, S. 55-78.

BORCHMEYER, Dieter; MAAYANI, Ami; VILL, Susanne (Hrsg.): *Richard Wagner und die Juden*, Stuttgart 2000.

BORCHMEYER, Dieter: »Heinrich Heine – Richard Wagner. Analyse einer Affinität« in: *Richard Wagner und die Juden*, hrsg. v. Dieter BORCHMEYER u. a., Stuttgart 2000, S. 20-34.

DÖHRING, Sieghart: »Die traumatische Beziehung Wagners zu Meyerbeer« in: *Richard Wagner und die Juden*, hrsg. v. Dieter BORCHMEYER u. a., Stuttgart 2000, S. 262-274.

FISCHER, Jens Malte: *Richard Wagners ›Das Judentum in der Musik‹*, Frankfurt am Main 2000.

FISCHER, Jens Malte: »Richard Wagners DAS JUDENTUM IN DER MUSIK. Entstehung – Kontext – Wirkung« in: *Richard Wagner und die Juden*, hrsg. v. Dieter BORCHMEYER u. a., Stuttgart 2000, S. 35-54.

GAY, Peter: »Wagner aus psychoanalytischer Sicht« in: *Richard Wagner und die Juden*, hrsg. v. Dieter BORCHMEYER u. a., Stuttgart 2000, S. 251-261.

GRADENWITZ, Peter: »Das Judentum – Richard und Cosima Wagners Trauma« in: *Richard Wagner 1883-1983. Die Rezeption im 19. und 20. Jahrhundert. Gesammelte Beiträge des Salzburger Symposions,* hrsg. v. Ulrich MÜLLER u. a., Stuttgart 1984, S. 77-92.

GREGOR-DELLIN, Martin: *Richard Wagner. Sein Leben. Sein Werk. Sein Jahrhundert,* München 1980.

HINRICHSEN, Hans-Joachim: »›Musikbankiers‹. Über Richard Wagners Vorstellungen vom ›Judentum in der Musik‹« in: *Musik & Ästhetik. Heft 19,* Stuttgart 2001, S. 72-87.

KATZ, Jacob: *Richard Wagner. Vorbote des Antisemitismus,* Königstein/Ts. 1985.

LARGE, David Clay: »Ein Spiegelbild des Meisters? Die Rassenlehre von Houston Stewart Chamberlain« in: *Richard Wagner und die Juden,* hrsg. v. Dieter BORCHMEYER u. a., Stuttgart 2000, S. 144-159.

MORK, Andrea: *Richard Wagner als politischer Schriftsteller. Weltanschauung und Wirkungsgeschichte,* Frankfurt am Main 1990.

NIPPERDEY, Thomas: *Deutsche Geschichte 1866-1918. Zweiter Band. Machtstaat vor der Demokratie,* München 1992.

NIPPERDEY, Thomas; RÜRUP, Reinhard: »Antisemitismus« in: *Geschichtliche Grundbegriffe. Historisches Lexikon zur politisch-sozialen Sprache in Deutschland. Band 1. A-D,* hrsg. v. Otto BRUNNER u. a., Stuttgart 1972, S. 129-153.

NOWAKOWSKI, Mark: »Wilhelm Richard Wagner« in: *Handbuch des Antisemitismus. Band 2. Personen,* hrsg. v. Wolfgang BENZ u. a., Berlin 2009, S. 865-866.

RATTNER, Josef: »Richard Wagner im Lichte der Tiefenpsychologie oder Bagwan in Bayreuth« in: *Jahrbuch für Verstehende Tiefenpsychologie und Kulturanalyse. Band 4: 1984*, hrsg. v. Josef RATTNER, Berlin 1984, S. 209-268.

ROSE, Paul Lawrence: *Richard Wagner und der Antisemitismus,* Zürich 1999.

SCHOLZ, Dieter David: *Richard Wagners Antisemitismus,* Würzburg 1993.

WEINER, Marc A.: *Richard Wagner and the Anti-Semitic Imagination,* Lincoln 1995.

Register

Ahasver 44, 58
Allgemeine Musikalische Zeitung 25
Althaus, Horst 61
Antisemitismus (Begriffsklärung) 10
Assimilation 8, 16, 30, 51 f.

Bauer, Bruno 28, 30
Bayreuth 7, 45, 59, 61
Beer, Michael 23
Beethoven, Ludwig van 54, 56
Brühl 37
Bülow, Hans von 59, 61

Chamberlain, Houston Stuart 7

David, Leah 47
Dresdner Revolution 30, 32
Dühring, Karl Eugen 7 f.

Emanzipation der Juden 8 f., 16,
  30 f., 51 f., 54
Erlösungsmotiv 33, 43 ff.
Exil 29, 32, 48, 50, 55 f.

Feuerbach, Ludwig 28
Figuren
  Mime 37 ff.
  Parsifal 42
  Siegfried 37, 39, 42
  Walther von Stolzing 42
  Der Fliegende Holländer 25
Französische Revolution 29, 31
Freigedank, K. (Pseudonym
  Wagners) 11
Freud, Sigmund 45

Geld 43, 53, 55, 57
Gesamtkunstwerk 33, 45
Geyer, Ludwig 15, 35 f., 38 f., 41
Glagau, Otto 8

Gobineau; Joseph Arthur de 33, 51
Goethe, Johann Wolfgang von 45
  Werther 45
Gründerkrach 9, 11

Hanslick, Eduard 46 f., 50
Hauck, Mini 40
Heine, Heinrich 25 f., 28-30, 58
Henrici, Ernst 8, 10
›Hep-Hep‹-Ausschreitungen 32

Das Judenthum in der Musik 11, 17,
  20-23, 26-29, 33, 37, 41, 43, 45 f.,
  49, 52, 55, 57-60, 62
Junges Deutschland 15 f., 28-31, 51
Junghegelianer 28, 30, 33

Kant, Immanuel 33
Kapitalismus 9, 53
Das Kunstwerk der Zukunft 32, 53

Lagarde, Paul de 7
Laube, Heinrich 15, 23, 28-30, 49,
  51, 58
Liberalismus 8 ff., 29, 51, 53
List, Guido 7
Liszt, Franz 13, 39, 41, 46, 49, 59
Ludwig II., König von Bayern 46,
  48, 50, 52
Lueger, Karl 7 f.

Marr, Wilhelm 8, 10 f.
Marx, Karl 28, 30 f., 52 f., 55
  Zur Judenfrage 31, 52, 55
Die Meistersinger von Nürnberg 46
Mendelssohn Bartholdy, Felix 16,
  22-26, 47, 56, 58
Meyerbeer, Giacomo 14 ff., 19-30,
  33, 36 f., 43 f., 47, 49, 52, 58
  Der Prophet 37

Minderwertigkeitskomplexe 46, 61
Mozart, Wolfgang Amadeus 54
Musikbankier 55 f.

Nationalismus 28, 30, 34
Neue Freie Presse 46
Neues Christentum 53 f.
Neue Zeitschrift für Musik 11, 58
Newman, Ernest 38
Nietzsche, Friedrich 14, 38

Oper und Drama 22, 32

Protoantisemiten 14
Proudhon, Pierre-Joseph 28

Rassentheorien 33, 51
Rassismus 16, 31, 33 f., 63
Rationalismus 10, 29, 53
Religion 8, 34, 54
Rienzi 23, 25
Der Ring des Nibelungen 37

Schlesinger, Maurice 25, 29
Schopenhauer, Arthur 14, 33, 37
Schumann, Robert 19
Sozialismus 9, 28, 33, 53
Stoecker, Adolf 8
Struensee 23, 30, 33, 49, 58

Tannhäuser 4, 25, 52

Über das Dirigieren 55
Uhlig, Theodor 58
Untergang 44 f.

Wagner, Carl Friedrich Wilhelm 34
Wagner, Cosima 7, 18, 23, 38 f., 41, 59-62
Wagner, Isolde 59
Wagner, Minna 28, 47, 53
Wirtschaftskrise 9, 11